Doris Muliar

Basisch kochen mit dem Thermomix®

Über 110 Rezepte zum Entsäuern, Abnehmen und Genießen

AF641561

Tragen Sie sich jetzt unter **www.thermomix-fans.de** für unseren Newsletter ein und erhalten Sie zu neuen Veröffentlichungen Leseproben und kostenlose Rezepte!

riva

Bibliografische Information der Deutschen Nationalbibliothek
Die Deutsche Nationalbibliothek verzeichnet diese Publikation in der Deutschen Nationalbibliografie. Detaillierte bibliografische Daten sind im Internet über https://dnb.de abrufbar.

Für Fragen und Anregungen
info@m-vg.de

Wichtige Hinweise
Sämtliche Inhalte dieses Buches wurden – auf Basis von Quellen, die die Autorin und der Verlag für vertrauenswürdig erachten – nach bestem Wissen und Gewissen recherchiert und sorgfältig geprüft. Alle Rezepte in diesem Buch wurden für den Thermomix® TM5 entwickelt und mit diesem getestet. Bitte beachten Sie: Der Mixtopf des Thermomix® TM5 ist größer als der des TM31 (Kapazität von 2,2 Litern anstatt 2,0 Liter beim TM31). Daher dürfen aus Sicherheitsgründen die Rezepte aus diesem Buch nur dann mit dem TM31 nachgekocht werden, wenn die Mengen angepasst wurden. Achten Sie auf die Füllstandsmarkierungen und überschreiten Sie die maximale Füllmenge nicht. Der Verlag und die Autorin haften für keine nachteiligen Auswirkungen, die in einem direkten oder indirekten Zusammenhang mit den Informationen stehen, die in diesem Buch enthalten sind. Thermomix® ist ein eingetragenes Warenzeichen der Vorwerk & Co. KG. Diese Publikation ist kein offizielles Lizenzprodukt der Vorwerk & Co. KG.

Ausschließlich zum Zweck der besseren Lesbarkeit wurde auf eine genderspezifische Schreibweise sowie eine Mehrfachbezeichnung verzichtet. Alle personenbezogenen Bezeichnungen sind somit geschlechtsneutral zu verstehen.

Originalausgabe
12. Auflage 2025

Türkenstraße 89
80799 München
Tel.: 089 651285-0

Redaktion: Caroline Kazianka
Umschlaggestaltung: Laura Osswald
Umschlagabbildungen: Vorderseite: Shutterstock: ponsulak, gillmar, ffolas, Maram, aimy27feb, Anna Shepulova, Yulia Davidovich, zarzamora, Iryna_Kolesova, Mahara; Rückseite: Shutterstock: Attika, ffolas, Maram, Vorontsova Anastasiia, Anna_Pustynnikova, Aleksandr Gogolin, Nataliya Arzamasova, Ian 2010 Satz: inpunkt[w]o, Haiger (www.inpunktwo.de)
Druck: Florjancic Tisk d.o.o., Slowenien
Printed in the EU

Wir produzieren nachhaltig
www.m-vg.de

ISBN Print 978-3-7423-0331-8
ISBN E-Book (EPUB, Mobi) 978-3-95971-826-4

Inhaltsverzeichnis

Vorwort

Für Gesundheit und Wohlbefinden sollten Basen und Säuren im Körper in einem ausgewogenen Verhältnis vorhanden sein. Ein Zuviel an Säuren, hauptsächlich hervorgerufen durch tierische Proteine und wenig Bewegung, ist ebenso wenig gesund wie ein kompletter Verzicht auf Säure fördernde Lebensmittel. Ausgewogenheit ist das Zauberwort, an dem wir uns beim Entwerfen der Rezepte in diesem Buch orientiert haben.

Zwar macht es Sinn, für einen Entlastungstag oder für die Einführungswoche auf Säure bildende Lebensmittel zu verzichten (auch dafür gibt es Rezepte), im Allgemeinen aber wird ein Verhältnis von 80 Prozent Basenbildner zu 20 Prozent Säurebildnern empfohlen.

Wir haben nur wenige Fleisch- und Fischrezepte in dieses Buch aufgenommen, es steht Ihnen aber natürlich frei, zu den Beilagen- und Gemüserezepten ein kleines Stück Geflügel oder mageres Fleisch zu braten.

Am Anfang des Buchs befinden sich ausführliche Tabellen mit Angaben, welche Lebensmittel rein basisch sind, auf welche der Körper besonders sauer reagiert und welche sie deshalb nicht oder nur in kleinen Mengen essen sollten. Sie sehen dort aber auch, dass es »gute« Säurebildner gibt, die für Ihre Eiweißversorgung während der Kur auf dem Speiseplan stehen sollten.

Wir haben Vorschläge zusammengestellt für Basentage, zum Beispiel als Entlastung nach besonderen Schlemmereien. Es gibt einen Plan für eine Woche Basenkur sowie eine Verlängerungswoche und Tipps, wie Sie es im Alltag vermeiden können, Ihren Körper zu sehr zu übersäuern.

Im Rezeptteil finden Sie dann Frühstücksideen als Alternativen zum gewohnten Brot und Müsli, Salate, Suppen und Eintöpfe, viele Gemüse als Hauptgericht und Beilage, Risotti mit und ohne Reis, Couscous-Variationen und zu guter Letzt auch noch Süßes, ganz ohne zusätzlichen Zucker.

Zehn Punkte für Ihre Sicherheit

Wahrscheinlich sind Sie bestens vertraut mit dem Thermomix® und haben ihn schon längst in Ihren Kochalltag integriert. Wenn Sie Ihren Thermomix® aber längere Zeit nicht verwendet haben: Lesen Sie sich bitte noch einmal die Gebrauchsanleitung gut durch. Zur Sicherheit haben wir hier die wichtigsten Bedienungs- und Sicherheitsfragen für den TM5 kurz zusammengefasst.

1. Wenn Sie etwas zerkleinern oder pürieren: Setzen Sie immer den Messbecher ein. Beim Zerkleinern von Nüssen, Gemüse oder anderen harten Lebensmitteln könnten sonst Teile herausgeschleudert werden. Beim Pürieren von heißen Suppen besteht Verbrennungsgefahr durch Spritzer! Verwenden Sie auch den Spritzschutz, wenn Sie vier oder mehr Portionen Suppe kochen – auch da kann es spritzen.
2. Bei heißem Mixtopf-Inhalt (über 60 °C) nicht sofort im Turbo-Modus pürieren und die Drehzahl nur langsam erhöhen.
3. Beachten Sie die maximale Füllstandsmarkierung im Mixtopf. Er ist für 2,2 Liter ausgelegt.
4. Der Mixtopfdeckel entriegelt automatisch nach Ende der eingestellten Garzeit. Versuchen Sie nicht, ihn gewaltsam zu öffnen.
5. Beim Dampfgaren mit dem Varoma darf der Messbecher nicht eingesetzt werden – es kann sonst kein Dampf entweichen.
6. Bei Verwendung des Varoma muss der Dampf zirkulieren können. Lassen Sie daher immer einige Schlitze im Boden frei. Geben Sie genügend Wasser für die Dampfentwicklung in den Mixtopf. Setzen Sie stets den Varoma-Deckel auf und achten Sie darauf, beim Öffnen nicht mit dem heißen Dampf in Berührung zu kommen.

7. Der Rühraufsatz (Schmetterling) zum Schlagen von Eischnee oder Sahne darf nur bis höchstens Stufe 4 verwendet werden. Der Spatel darf bei Verwendung des Schmetterlings nicht eingeführt werden.
8. Bitte niemals ein anderes Rührwerkzeug als den Spatel in die Deckelöffnung einführen. Der Spatel ist mit seinem »Kragen« so konstruiert, dass er nicht mit den Messern in Berührung kommen kann.
9. Wenn Sie den Mixtopf zum Reinigen auseinandernehmen, gehen Sie äußerst vorsichtig mit dem Mixmesser um – die Messer sind höllisch scharf, es besteht Verletzungsgefahr.
10. Wenn Ihr Thermomix® keinen festen Platz in Ihrer Küche hat, stellen Sie ihn immer auf eine rutschfeste, ebene Arbeitsfläche. Beim Zerkleinern oder beim Rühren von Teigen könnte der Thermomix® durch Unwucht in Bewegung geraten. Bleiben Sie bei diesen Arbeitsschritten neben dem Gerät.

Zum Umgang mit diesem Buch

Einige wichtige Hinweise:

- Alle Rezepte sind für den TM5 konzipiert.
- Die Mengenangaben für das Gemüse beziehen sich auf unvorbereitete Ware.
- Mit Zwiebel meinen wir immer eine mittelgroße Zwiebel. Sonst ist angegeben: große oder kleine Zwiebel.
- 1 EL Öl schlägt bei den Nährwertberechnungen mit 15 g zu Buche.
- Milch und Joghurt verwenden wir in der Variante mit 3,5 % Fett.
- Als Frischkäse nehmen wir den mit 20 % Fett, obwohl auch Varianten mit weniger Fett angeboten werden.

Bei jedem Rezept finden Sie ausführliche Nährwertangaben, die nach dem Bundeslebensmittelschlüssel berechnet sind. Kcal steht hierbei für Kalorien, E für Eiweiß, F für Fett und KH für Kohlenhydrate.
Außerdem sind die Rezepte verschiedenen Kategorien zugeordnet:

- (gelb) rein basisch
- (grün) mit guten Säurebildnern
- (blau) neutral

Was ist der Säure-Basen-Haushalt?

Wichtig zu wissen: Saurer Geschmack wie zum Beispiel in Zitrusfrüchten oder Apfelessig bedeutet nicht, dass damit eine saure Reaktion im Organismus stattfindet. Süßes hingegen wie Zucker und andere Kohlenhydrate übersäuern den Körper jedoch sehr wohl.

Chemisch gesehen sind Säuren Stoffe, die positive Wasserstoffionen (H+) abgeben. Ihre Gegenspieler, die Basen, dagegen können H+-Ionen aufnehmen und damit die Säuren neutralisieren.

Je mehr H+-Ionen – in unserem Fall von Nahrungsmitteln – in den Organismus abgegeben werden, desto saurer die Reaktion. Die Säuren verteilen sich in unseren Körperflüssigkeiten, die dann einen entsprechenden pH-Wert aufweisen.

Die PH-Skala

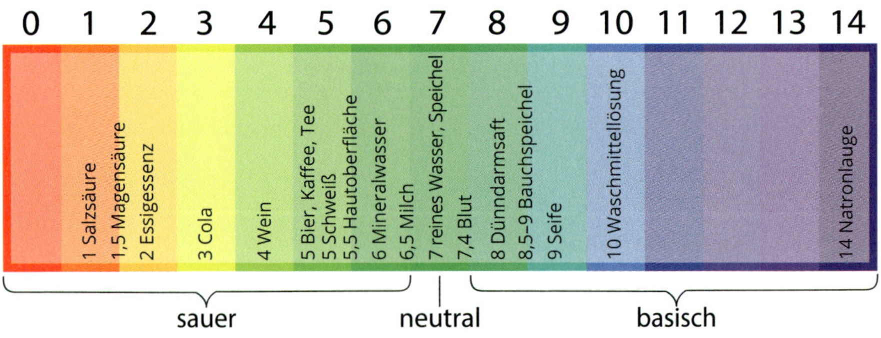

Mit dem pH-Wert wird der Säuregehalt gemessen. Er reicht von 1 (stark sauer, zum Beispiel Salzsäure) bis 14 (stark basisch, etwa eine Natronlauge). Verwendet werden für Säure-Basen-Messungen sogenannte Indikatorstreifen aus der Apotheke. Damit kann der Säuregehalt im Urin festgestellt werden, was aber nur bedingt Auskunft gibt über die verbliebene Säurelast im Körper.
Ein pH-Wert von 7 ist neutral. Unser Organismus verfügt über sogenannte Puffersysteme, die eine zu hohe H+-Konzentration wieder ins Gleichgewicht bringen. Wobei besonders der Blut-pH-Wert mit 7,4 konstant gehalten wird.

Wieso ist der Säure-Basen-Haushalt wichtig?

Mit jeder normalen Mahlzeit nehmen wir auch Nahrungsmittel auf, bei deren Abbau H+-Ionen (positiv geladene Wasserstoffionen) entstehen, die säurelastig sind. Damit diese Säuren neutralisiert werden können, müssen auch basenbildende Substanzen auf den Teller. Also: Zu einem säurebildenden Stück Fleisch oder einer Portion Nudeln gehören auch immer ausreichend basenbildende Nahrungsmittel, hauptsächlich Gemüse.
Ein Ausgleich zwischen Säuren und Basen im Körper ist wichtig für das Funktionieren sämtlicher Systeme. Zu viel Säure kann nämlich Enzyme blockieren oder Zellmembranen verändern, was auf Dauer krank macht.
Die wichtigsten Wächter über den pH-Wert im Körper sind die Nieren. Sie entfernen überschüssige Säuren, die mit dem Urin entsorgt werden. Deshalb ist es eigentlich unmöglich, allein mit den Teststreifen aus der Apotheke Rückschlüsse auf den pH-Wert des gesamten Körpers zu ziehen. Die Papierchen liefern allenfalls einen groben Überblick: Morgens gemessen, werden Sie einen eher sauren Urin haben (ca. 6,5 pH), da ja die Nieren über Nacht fleißig gearbeitet haben. Liegt Ihr pH-Wert aber im Lauf des Tages weiter unter 7, kann das ein Hinweis auf eine Übersäuerung Ihres Körpers sein.
Überschüssige Säure und ihre Abbauprodukte, wie Kohlendioxid, werden auch über die Atemluft abtransportiert. Ebenso puffern Knochen, Blut und Muskel überschüssige Säure ab.
In einem gesunden Körper funktioniert das reibungslos. Durch Umwelteinflüsse und zu viel und gedankenloses Essen kann dieser Mechanismus jedoch aus dem Takt geraten.

Was bringt den Säure-Basen-Haushalt aus dem Gleichgewicht?

Ganz einfach: Wer ständig zu viele säurebildende Nahrungsmittel zu sich nimmt, überstrapaziert seine Puffersysteme, die sich dann nur noch darauf beschränken, den pH-Wert des Bluts auf dem lebenswichtigen Niveau von 7,4 zu halten. Das ist schlecht für Muskeln, Gewebe und Gelenke, die in diesem Fall übersäuern. Schlimmstenfalls werden Cellulitis, Gicht, Nierensteine, Knochenabbau und Allergien begünstigt. Das allgemeine Wohlbefinden sowie erholsamer Schlaf werden gestört. Neuere Forschungen weisen darauf hin, dass von dieser Dysbalance auch Psyche und vegetatives Nervensystem betroffen sein können.

Nun entsteht Übersäuerung aber nicht von heute auf morgen. Der Körper kann hin und wieder eine Nudelparty, einen Grillabend oder eine Tortenschlacht wegpuffern.

Eher macht uns eine schleichende Übersäuerung (latente Azidose) zu schaffen, bei der körpereigene Basenreserven verbraucht werden. Das sind diejenigen Mineralstoffe, die überschüssige Säuren neutralisieren, wie Kalzium, Natrium, Magnesium, Kalium und Eisen. Diese fehlen dann in Knochen und Gewebe.

Das Problem der Übersäuerung war vor zwei Generationen noch völlig unbekannt. Tierische Nahrungsmittel kamen zu dieser Zeit nicht jeden Tag auf den Tisch, und die Lebensmittelindustrie hatte unsere Küchen noch nicht erobert. Zudem wurden Säuren durch körperliche Arbeit und Alltagsbewegung schnell wieder ausgeschwitzt.

Was ist basisch?

In der Wissenschaft wird die basische Wirksamkeit eines Lebensmittels in PRAL gemessen (Potential Renal Acid Load – potenzielle über die Niere ausgeschiedene Säurelast). Ganz einfach gesagt: Je positiver dieser Wert ist, umso mehr Säurewirksamkeit hat das Lebensmittel.

Umgekehrt: Befindet sich der PRAL-Wert im negativen Bereich, enthält das Lebensmittel negativ geladene Wasserstoffionen und ist damit basenbildend.

Basen haben die tolle Eigenschaft, Säuren, die im Stoffwechsel entstanden sind, zu neutralisieren – zumindest bis zu einem gewissen Grad. Als Faustregel für die tägliche Ernährung gilt: ein Teil (20 Prozent) Säurebildner zu vier Teilen (80 Prozent) Basenbildner. Angenommen, Sie haben 100 g Fisch auf Ihrem Teller, dann sollten etwa 400 g Gemüse dazukommen. Denn fast alle pflanzlichen Lebensmittel wirken durch den hohen Mineralstoffgehalt basisch.
Ihr Basenhaushalt wird aber nicht nur durch das Essen gesteuert. Auch Ihre Getränke spielen eine große Rolle. Gemüsesäfte und Fruchtsäfte ohne zusätzlichen Zucker wirken basisch. Milch und ihre Produkte (auch Molke) sind wegen ihres Gehalts an tierischen Eiweißen als Säurelieferanten einzustufen.
Während einer Kur oder für einen Entlastungstag sollte man auf Säurebildner – mit Ausnahme eventuell der »guten« Säurebildner (siehe Seite 16) – komplett verzichten.

Basenernährung zum Abnehmen?

Ein ausgeglichener Säure-Basen-Haushalt kann durchaus beim Abnehmen helfen, da basische Lebensmittel in der Regel kalorien- und fettärmer sind als Säurebildner.
Mit zwei bis drei Wochen Basenfasten können Sie etwa vier Kilogramm abnehmen, ohne umständlich Kalorien zu zählen oder strenge Verbote einzuhalten. Sie müssen lediglich belastende Lebensmittel (siehe Tabelle Seite 18) weitgehend meiden und auf ungesunde Dinge wie Alkohol, Fastfood oder Zucker verzichten. Beginnen Sie das Vorhaben jedoch langsam und nehmen Sie sich für den Anfang eine Woche vor, machen eventuell eine Pause und steigen dann wieder ein. Wenn Sie sich gut fühlen mit der basischen Ernährung, hängen Sie gleich eine zweite Woche dran. Es gibt keinen Zwang, kein Muss und auch keine strengen Vorschriften.
Sie müssen auch nicht vor lauter Begeisterung wochenlang nur basisch essen. Das wäre zu einseitig und schwierig im Alltag. Außerdem wollen wir ja nicht alle säurebildenden Lebensmittel an sich verdammen. Denn auch sie sind mit ihrem Eiweiß-, Eisen- und Kalziumgehalt Bestandteil einer ausgewogenen Ernährung. Außerdem werden die Säurebildner auf dem Teller, wie etwa Fleisch oder Fisch, durch reichliche Gemüseportionen ja neutralisiert.

Die »guten« Säuren

Als gute Säurebildner bezeichnet man die Lebensmittel, deren positive Eigenschaften den säuretreibenden Effekt überwiegen. Es macht natürlich einen großen Unterschied, ob Sie die empfohlenen 20 Prozent Säurebildner in Form von weißen Brötchen oder Zuckerwatte zu sich nehmen oder ob Sie Vollkornprodukte oder Hülsenfrüchte mit ihren Vitalstoffen genießen.

Zu den guten Säurebildnern gehören Hülsenfrüchte, Mais, Nüsse und Ölsaaten. Weizen in seiner meist industriell verarbeiteten Form ist zu meiden. Dinkel, eine Weizenart, hingegen gilt in kleinen Mengen als gesunder Säurebildner. Alle anderen Getreide und vor allem Pseudogetreide können ohne Bedenken, vorzugsweise in Bioqualität, gegessen werden.

Kleine Portionen tierische Produkte (aber nur aus biologischer Landwirtschaft!) können auch noch zu den guten Säurebildnern gezählt werden. Gute Säurebildner (siehe Tabelle Seite 18) werden gerne mit rein basischen Lebensmitteln kombiniert und ergänzen diese um wichtige Nährstoffe wie zum Beispiel Proteine.

Säurebildende Lebensmittel

Wir wissen, dass Proteine (Eiweiß) lebenswichtig sind und vom Körper nicht selbst hergestellt werden können. Daher müssen sie mit der Nahrung zugeführt werden. Problematisch allerdings ist deren Säurelast. Vor allem, wenn man zum Eiweiß (Fleisch, Fisch) auch noch Säurebildner wie Teigwaren und Reis isst.

Ein Mangel an Säuren kommt im Körper so gut wie gar nicht vor, denn die Säuren entstehen ganz von selbst als Abfallprodukte bei der Atmung (Kohlensäure), Muskelbelastung (Milchsäure), Verdauung der Nahrung (Aminosäuren) oder beim Abbau von Körperzellen (Harnsäure). Stress lässt Salzsäure entstehen, Gerbsäure kommt vom Kaffee, Nikotin und Umweltbelastungen – das alles kann unseren pH-Wert Richtung Säure katapultieren.

Beeinflussen können wir die Entstehung der Säuren in unserem Körper in erster Linie durch unsere Nahrung. Als »schlechte« Säurebildner gelten neben Fleisch, Fleischprodukten, Fisch und Meeresfrüchten alle Arten von Softdrinks, alles, was Zucker und Weißmehl enthält, sowie Eier und Milchprodukte. Kritisch sind auch Fertigprodukte, vor allem wegen der Zusatzstoffe, die den Stoffwechsel irritieren.

Die Säuren dieser Lebensmittel kommen zur den körpereigenen Säuren noch obendrauf. So muss der Körper an seine gespeicherten Mineralstoffdepots, um seinen pH-Wert wieder zu neutralisieren.

BASISCHE UND NEUTRALE LEBENSMITTEL

GEMÜSE
Artischocken
Auberginen
Blattsalate
Blumenkohl
Bohnen, grüne
Brokkoli
Chinakohl
Erbsen
Feldsalat
Fenchel
Grünkohl
Gurken
Kartoffeln
Knoblauch
Kohlrabi
Kürbis
Lauch
Lauchzwiebeln
Mangold
Möhren
Paprikaschoten
Pastinaken
Petersilienwurzeln
Radieschen
Rettich
Rhabarber
Rosenkohl
Rote Bete
Rotkohl
Rucola
Sellerie (Knollen- und Bleichsellerie)
Sojasprossen
Spargel
Spinat
Steckrüben
Süßkartoffeln
Tomaten
Weißkohl
Wirsing
Wilde Kräuter
Wirsing
Zucchini
Zwiebeln

OBST
Äpfel
Ananas
Aprikosen
Avocado
Bananen
Birnen
Erdbeeren
Feigen
Grapefruit
Heidelbeeren
Himbeeren
Johannisbeeren
Kirschen, sauer und süß
Kiwi
Mango
Nektarinen
Papaya
Pfirsich
Pflaumen
Quitten
Stachelbeeren
Weintrauben
Zitrusfrüche (alle)

NÜSSE UND SAMEN
Chia-Samen
Erdmandeln
Fenchelsamen
Kokosnuss
Kreuzkümmelsamen
Kürbiskerne
Leinsamen
Mandeln
Maronen
Paranüsse
Sesamsaat
Sonnenblumenkerne

PILZE
Austernpilze
Champignons
Kräuterseitlinge
Pfifferlinge
Shiitake
Steinpilze

GETREIDE, PSEUDOGETREIDE
Amaranth
Buchweizen
Dinkel
Hirse
Quinoa

HÜLSENFRÜCHTE
Kichererbsen

TROCKENFRÜCHTE
Aprikosen
Datteln
Feigen
Rosinen

ÖLE
Kokosöl
Leinsamenöl
Olivenöl, kalt gepresst
Rapsöl

Alle Sprossen und Keime
Kräutertees

GUTE SÄUREBILDNER

Agavendicksaft	Haferflocken (bio)	Pinenkerne
Apfeldicksaft	Haselnüsse	Reis (Vollkorn)
Apfelessig	Kakaopulver	Reisdrink
Birnendicksaft	Kamut	Sojadrink
Butter (neutral)	Kichererbsen	Sonnenblumenöl
Dinkel	Kidneybohnen	Vollkorn-Teigwaren
Eier in Bioqualität	Linsen	Vollkornreis
Fisch (Süßwasser)	Macadamianüsse	Vollkornbrot
Gerste	Maismehl (Polenta)	Walnüsse
Granatapfel	Mandeldrink	Weiße Bohnen
Grüne Kräutertees	Nussöle	

SCHLECHTE SÄUREBILDNER

Ahornsirup	Honig	Schokolade (außer selbst gemacht)
Alkohol	Kaffee	Seitan-Produkte
Brot, Brötchen	Käse (alle)	Senf
Cashewnüsse	Kekse	Softdrinks
Eier (außer bio)	Konserven	Sojaprodukte
Geflügel	Kuchen	Sojasauce
Essig	Margarine	Speiseeis
Fisch (außer bio und Süßwasser)	Meeresfrüchte und Schalentiere	Süßstoff
Fleisch	Milch	Tee (schwarz)
Fleischbrühe	Milchprodukte (alle)	Teigwaren (außer Vollkorn)
Früchtetee	Müslis (Fertigprodukte)	Wurst
Grüne Kräutertees	Pistazien	Zucker
Hefe	Proteindrinks	

Wir haben hier die wichtigsten und gebräuchlichsten Lebensmittel in drei Tabellen zusammengefasst. Im Internet und anderen Veröffentlichungen werden Sie recht unterschiedliche Tabellen finden – wir haben versucht, hier alle Gemeinsamkeiten zu erfassen.

Lassen Sie sich von den verschiedenen Interpretationen, was nun basen- oder säurebildend ist, nicht irritieren. Wenn Sie Ihre Ernährung auf viel Gemüse und Obst konzentrieren und Zucker meiden, sind Sie auf der sicheren Seite. Lassen Sie vorübergehend alle tierischen Produkte weg, leben Sie noch basischer. Verzichten Sie auch noch auf Alkohol, Kaffee und schwarzen Tee, werden Sie zum Basenheld! Und wie wir bereits zuvor gezeigt haben: Säurelastiges lässt sich durch Basenüberschüssiges neutralisieren!

Tipps für den Alltag

Auch wenn Sie sich nicht strikt einer Basenkur unterziehen wollen, zu oft auswärts essen müssen oder eine Familie mitversorgen, die über ungewohnte basische Rezepte – zu Unrecht! – die Nase rümpft, können Sie mit geringen Umstellungen schon viel erreichen:

- Essen Sie wenig Fleisch und Fisch, jeweils einmal pro Woche eine kleine Portion davon reicht.
- Verzichten Sie auf heiß geliebte Wurstbrote und planen Sie Ihre Mahlzeiten, sodass der gewohnte Griff in die Brotdose und den Kühlschrank unterbleibt.
- Wenn Brot, dann am ehesten noch Sauerteigbrot aus Bäckereien, in denen noch selbst gebacken wird.
- Essen Sie als Beilage Kartoffeln statt Teigwaren und Reis.
- Wenn Sie Reis und Nudeln auf den Tisch bringen, dann nur mit viel Gemüsesauce, um die Säurelast auszugleichen.
- Trinken Sie kalzium- und magnesiumreiches Mineralwasser mit möglichst wenig Kohlensäure.
- Stecken Sie öfter mal Wurzelgemüse und Kohl in Ihren Thermomix®. Sie sind die Weltmeister unter den Basenbildnern.
- Salat, Obst und Gemüse verschieben säurelastige Zutaten in den basischen oder zumindest neutralen Bereich.
- Vermeiden Sie auf jeden Fall mehrere säurelastige Zutaten in einer Mahlzeit.
- Verwenden Sie möglichst wenig industriell hergestellte Würzmittel. Ab Seite 99 finden Sie eine basische Würzpaste und Gemüsebrühe in Pulverform, die Sie statt Fleischbrühe einsetzen können
- Greifen Sie nicht zu konservierten Lebensmitteln.
- Milch, Milchprodukte und Eier sollten Sie nur sparsam zu sich nehmen. Lediglich Biobutter und Biosahne gelten als neutral.
- Nehmen Sie hochwertige Fette, die als neutral eingestuft werden können. Kokosöl, Rapsöl und Olivenöl eignen sich zum Kochen. Für Salate sind Nussöle und Leinöl lecker und wertvoll.

- Kein Zucker! Bei Heißhunger auf Süßes helfen ein paar Trockenfrüchte.
- Regelmäßige Bewegung an der frischen Luft mit tiefer Atmung beschleunigt die Säure-Ausscheidung.

Praktische Anwendung

Eine rein basische Ernährung ist für einen Entlastungstag oder für eine Starterwoche zur Darmreinigung und Entsäuerung bestens geeignet. Sie sollte aber nicht als Empfehlung zur dauerhaften Ernährung betrachtet werden, da der Körper auf jeden Fall auch die guten Säurebildner braucht und ein gesunder Organismus durchaus mit maßvoll genossenen schlechten Säurebildnern umgehen kann.

Auch wenn Basenfasten durch die großen Obst- und Gemüseportionen sehr nährstoffreich ist, wird davon während der Schwangerschaft oder Stillzeiten abgeraten. Sie können sich dann zwar schon basenreich ernähren, sollten aber auch Milchprodukte und Getreide zu sich nehmen.

Entlastungstag

Einen Entlastungstag zwischendurch können Sie immer dann einlegen, wenn Sie das Gefühl haben, bei einer Einladung, im Restaurant oder im Urlaub zu viel, zu ungesund und zu kalorienreich gegessen zu haben. Ideal für eine gute Basenbilanz wäre generell ein Basentag pro Woche, denn bei allen guten Vorsätzen wird es immer wieder passieren, dass Ihnen unwiderstehlich Leckeres über den Weg läuft.

Und so kann ein Entlastungstag für Sie aussehen:

- Trinken Sie morgens, noch vor dem Aufstehen, eine Tasse Ingwertee oder heißes Wasser.
- Zum Frühstück gibt es dann einen Smoothie (Rezepte ab Seite 46) oder ein basisches Müsli (Rezepte ab Seite 24).
- Mittags am besten einen Salat, der auch zum Mitnehmen geeignet ist (Rezepte ab Seite 74).
- Abends bereiten Sie ein feines Gemüsegericht zu (Rezepte ab Seite 128).
- Dazu sollten Sie über den ganzen Tag verteilt zwei Liter Kräutertee trinken und mindestens eine Stunde lang spazieren gehen oder walken.

Frühstück: Rote-Bete-Smoothie mit Apfel oder Erdmandel-Müsli mit Beeren

Mittag: Brokkolisalat mit Äpfeln und Walnüssen

Abend: Kartoffeln in Paprika-Tomaten-Sauce

Intensivwoche

Während dieser Woche nehmen Sie nur Lebensmittel zu sich, die basisch auf Ihren Stoffwechsel wirken: Obst, viel Gemüse, Salat und Kräuter. Tabu sind Alkohol, Kaffee, schwarzer Tee und tierische Produkte.

	MORGENS	MITTAGS	ABENDS
Tag 1	Chia-Pudding (S. 25)	Rotkohlsalat mit Möhren und Rosinen (S. 86)	Möhren-Kartoffel-Gulasch (S. 138)
Tag 2	Erdmandel-Porridge mit Beeren (S. 39)	Rote-Bete-Gemüse-Suppe (S. 103)	Sauerkrautpuffer (S. 129)
Tag 3	Tomatensaft mit Melone und Erdbeeren (S. 50)	Möhrensalat mit Quinoa und Bulgur (S. 96)	Süßkartoffelpüree mit Nüssen (S. 160)
Tag 4	Grapefruit-Smoothie mit Banane und Minze (S. 60)	Klare Gemüsebrühe mit Pilzen (S. 102)	Paprikaeintopf (S. 136)
Tag 5	Apfel-Brokkoli-Smoothie (S. 59)	Sauerkrautsuppe mit Hirse (S. 108)	Quinoa mit Pilzen und Möhren (S. 184)
Tag 6	Himbeerjoghurt mit Kokos (S. 40)	Erdmandelsuppe mit grünem Spargel (S. 112)	Blumenkohlreis mit Gemüse (S. 173)
Tag 7	Beerenobst mit Chia-Joghurt (S. 42)	Brokkolisuppe mit Kartoffeln und Pinienkernen (S. 116)	Couscous mit Trockenfrüchten (S. 205)

Stabilisierungswoche

Für diese Woche gibt es Mahlzeiten, die hauptsächlich basenbildend sind. Wir haben aber auch zwei Mahlzeiten mit Fisch und eine mit Fleisch eingebaut. Das ist jedoch kein Muss. Sie können diese nach Belieben durch eine Gemüsemahlzeit ersetzen. Kleine Mengen an Getreide sind erlaubt.
Wieder gilt: kein Alkohol, kein schwarzer Tee und kein Kaffee.

	MORGENS	MITTAGS	ABENDS
Tag 1	Buchweizen-Porridge mit Himbeeren (S. 28)	Rote-Bete-Salat mit Weißkohl und Möhren (S. 90)	Auberginen-Curry (S. 144)
Tag 2	Beerenjoghurt mit Cashewkernen (S. 43)	Tomaten-Paprika-Suppe (S. 124)	Brokkoli-Quiche mit Kokos-Cashew-Creme (S. 150)
Tag 3	Ananas-Bananen-Smoothie (S. 46)	Möhren-Kohlrabi-Suppe mit Buchweizen (S. 106)	Blumenkohlpizza (S. 168)
Tag 4	Apfel-Dinkel-Porridge (S. 30)	Eintopf mit Wurzelgemüse (S. 133)	Spinat-Curry-Topf mit Hähnchenbrust (S. 192)
Tag 5	Schokodrink mit Früchten (S. 48)	Linsensalat mit Ananas und Avocado (S. 91)	Kichererbsen-Maronen-Eintopf (S. 146)
Tag 6	Avocado und Banane mit Erdmandelflocken (S. 38)	Sauerkrauteintopf mit Paprika und Sellerie (S. 140)	Bulgur-Risotto mit Roter Bete (S. 176)

Tipps für danach

Das Schema der Intensivwoche können Sie bis zu vier Wochen fortführen, das der Stabilisierungswoche bis zu acht Wochen. Übertreiben Sie aber nicht, Ihr Körper wird – ist er einmal in Schwung gekommen – hin und wieder eine Säurelast gut vertragen und ausgleichen. Unterstützend können Sie sich aber an folgenden Hinweisen orientieren:

- Zwischendurch können Sie immer mal wieder einen Entlastungstag einlegen.
- Starten Sie Ihren Tag öfter nur mit einem grünen Smoothie.
- Ersetzen Sie Ihre Mittagsmahlzeit durch einen Salat.
- Genießen Sie abends hin und wieder nur eine leicht Suppe oder Brühe.
- Lassen Sie das Naschen ganz sein oder knabbern Sie ein paar Mandeln oder Nüsse.
- Trinken Sie reichlich stilles Wasser, Ingwerwasser oder Kräutertee.
- Frische Luft, Sauna, Bürstenmassagen, Atemübungen, Yoga – das alles baut Stress ab und verhindert, dass Sie »sauer« werden.

Rezepte

Frühstück – Porridge und Müsli

Wenn Sie eine Basenkur oder einen Entlastungstag planen, müssen Sie Ihr Frühstück komplett neu überdenken. In dieser Zeit sind die gängigen Brotsorten aus Weizen, Roggen oder Dinkel weitgehend tabu und helle Brötchen sowieso. Wenn Sie gar nicht darauf verzichten wollen: Allenfalls kleine Brotportionen aus Sauerteig in Bioqualität sind erlaubt.

Auch die fertigen Müsli-Mischungen haben im Basenkonzept nichts zu suchen. Besser ist es, Sie freunden sich mit unseren Rezepten für Porridges an (die rührt Ihr Thermomix®, während Sie duschen oder Zähne putzen) und mit unseren Müslis, die ohne Getreideflocken auskommen.

Mit verschiedenen Nüssen und Quinoa, Amaranth & Co. (aus dem Reformhaus, aber auch schon in Supermärkten erhältlich) können Sie eine kohlenhydratarme, basische Variante auf Vorrat herstellen, die Sie außerdem noch mit reichlich Eiweiß, ungesättigten Fettsäuren und Vitaminen versorgt.

Alternativ können Sie auf Smoothies ausweichen, für die wir besonders basenwirksame Obst- und Gemüsesorten verwenden. Die Smoothies sind natürlich auch ideal zum Mitnehmen und schmecken sicher der ganzen Familie.

Wir haben auch stark basisch wirkende Aufstriche für Frühstück oder Picknick im Programm. Die müssen nicht zwingend aufs Brot: Gurkenscheiben oder Apfelspalten können bestrichen werden, Paprikaviertel und Tomatenhälften lassen sich gut füllen.

Chia-Pudding

Für 4 Portionen • Pro Portion: 224 kcal, 7 g E, 17 g F, 11 g KH

1 Bio-Limette
400 ml ungesüßter Mandel- oder Kokosdrink
1 Prise Salz
80 g Chia-Samen
400 g frisches Obst (z. B. 1 Nektarine, 4 Aprikosen, 100 g Heidelbeeren)
100 g frische Kokosnussspalten (ersatzweise 50 g Nüsse, z. B. Paranüsse)

1. Die Limette heiß waschen, 2 TL Schale fein abraspeln und die Frucht auspressen.
2. Milch, 1 EL Limettensaft und die Limettenschale, Salz und die Chia-Samen in den Mixtopf geben und 15 Minuten/Rührstufe linksdrehend sanft rühren. Das Rühren verhindert, dass die kleinen Kügelchen zusammenklumpen und dann nicht so gut quellen können.
3. Mit dem restlichen Limettensaft abschmecken, in eine Schüssel (oder gleich vier kleine Schüsselchen) umfüllen und gekühlt mindestens ½ Stunde – am besten aber über Nacht – quellen lassen.
4. Vor dem Servieren die Früchte waschen, gegebenenfalls schälen, in mundgerechte Stücke schneiden und mit den klein geschnittenen Kokosnussspalten auf dem Chia-Pudding verteilen.

INFO: **Chia-Samen sind – wie alle anderen Samen auch – basische Wunderperlen! Das Superfood enthält hochwertige Proteine und wertvolle Omega-3-Fettsäuren. Die unscheinbaren dunklen oder hellen Kügelchen galten schon bei den Maya als Heilmittel. Die Samen dieser Salbeipflanze enthalten außerdem viel Kalzium, Eisen, Zink, Magnesium und Selen.**
In Flüssigkeit quellen sie zu einer Art Gelee auf und sind so eine gesunde Alternative zu Gelierzucker. Die Samen passen aber auch gut in einen Salat, Puddings oder Nuss-Müslis. Wenn Sie viel Wasser dazu trinken, quellen sie im Magen-Darm-Trakt und machen lange satt.

Amaranth-Porridge

Für 4 Portionen • Pro Portion: 304 kcal, 9 g E, 12 g F, 39 g KH

150 g Amaranth
450 ml ungesüßter Mandeldrink
1 Prise Salz
1 TL gemahlener Zimt
100 g Heidelbeeren
100 g Physalis (Kapstachelbeeren)
1 Banane
50 g Walnusskerne

1. Amaranth in ein Sieb geben, heiß abbrausen und gut abtropfen lassen.
2. Zusammen mit dem Mandeldrink, Salz und Zimt in den Mixtopf geben und in 6–7 Minuten/100 °C/Stufe 1 zugedeckt zum Kochen bringen. Anschließend 20–25 Minuten/80 °C/Stufe 1 zugedeckt köcheln lassen, bis nahezu alle Flüssigkeit aufgesogen ist. 10 Minuten offen ausdampfen lassen.
3. In der Zwischenzeit die Heidelbeeren behutsam waschen, verlesen und die Stiele entfernen. Die Physalis aus ihren papierenen Hüllen schälen und halbieren oder vierteln. Die Banane schälen und in Scheiben schneiden.
4. Die Walnüsse hacken und in einer beschichteten Pfanne ohne Fett rösten.
5. Den Porridge auf Schüsseln verteilen, mit Obst belegen und mit den Nüssen bestreuen.

TIPP: **So wie Popcorn und Puffreis werden auch Amaranth, Quinoa oder Buchweizen »gepufft« angeboten. Die knackigen Kügelchen eignen sich gut zum zusätzlichen Bestreuen.**

INFO: Amaranth – wie auch Buchweizen und Quinoa – ist ein Schein- oder Pseudogetreide. Die Körnchen sind winzig klein – ähnlich wie Senfsaat. Mit vielen Mineralstoffen und essenziellen Proteinen, Ballaststoffen und ungesättigten Fettsäuren verspricht Amaranth ein dickes Gesundheitsplus. Auch in der Basenernährung kommt er als Ersatz für Getreide gut an. Amaranth wird zwar wegen seiner Gerbstoffe als leicht sauer eingestuft, gehört aber zu den guten Säurebildnern.

Buchweizen-Porridge mit Himbeeren

4 Portionen • Pro Portion: 340 kcal, 10 g E, 13 g F, 43 g KH

160 g Buchweizen
75 g ganze, ungeschälte Mandeln
100 g getrocknete Soft-Aprikosen
650 ml ungesüßter Mandel- oder Kokosdrink
1 Prise Salz
100 g Himbeeren

1. 100 g Buchweizen und die Mandeln in den Mixtopf geben, Messbecher aufsetzen und 7 Sekunden/Stufe 9 zerkleinern. Die Aprikosen in Streifen schneiden und mit dem übrigen Buchweizen dazugeben.
2. Die Milch mit dem Salz in den Mixtopf geben und in 6–7 Minuten/Stufe 1,5 linksdrehend zum Kochen bringen. Anschließend alles 8 Minuten/60 °C/Rührstufe linksdrehend quellen lassen.
3. Die Himbeeren behutsam waschen, verlesen und gut abtropfen lassen.
4. Den Porridge auf vier Schüsseln verteilen und mit Himbeeren bestreut servieren.

TIPP: **Wenn Sie den Porridge kalt essen wollen, verrühren Sie ihn mit etwas Milch oder Joghurt, da der Buchweizen weiter quillt und der Brei sonst recht fest ist.**

INFO: **Aprikosen enthalten jede Menge Bioaktivstoffe, die sie zu einem unverzichtbaren Bestandteil gesunder und basenreicher Ernährung machen. Sie weisen mehr Betacarotin, Magnesium, Folsäure und Kalium auf als andere Obstsorten. Getrocknete Aprikosen enthalten fünfmal so viel von all den guten Stoffe wie frische Früchte. Mit täglich drei getrockneten Aprikosen sind Sie auf der sicheren Seite, mehr davon könnte abführend wirken.**
Achten Sie beim Einkauf auf ungeschwefelte Früchte. Im Bioladen finden Sie bräunliche naturgetrocknete Aprikosen. Die untypische Farbe ist ein Qualitätsmerkmal!

Dattelcreme

Für ca. 20 EL Creme • Pro EL mit Orangensaft: 33 kcal, 0 g E, 0 g F, 8 g KH
Pro EL mit Wasser: 27 kcal, 0 g E, 0 g F, 7 g KH

200 g getrocknete, entsteinte und ungezuckerte (!) Datteln
250 ml Wasser oder frisch gepresster Orangensaft

1. Datteln und Wasser (oder Orangensaft) in den Mixtopf geben und 2 x 5 Sekunden/Stufe 5 zerkleinern. Mit dem Spatel nach unten schieben und 5 Minuten/Stufe 3 verrühren, bis die Datteln aufgelöst sind.
2. Sie können den Sirup in einem Schraubglas bis zu zwei Wochen im Kühlschrank aufbewahren, nach Belieben verdünnen und zum Süßen oder Verfeinern von Speisen verwenden.

INFO: **Süßes in der basischen Ernährung ist meist problematisch. Haushaltszucker und alle Packungsinhalte, die mit -ose enden (wie Fruktose, Glukose ...) und auch sofort als Zucker ins Blut geleitet werden, gehen gar nicht. Frisches Obst ist trotz seines Fruchtzuckers meist schwach basisch. Basenbooster hingegen sind Trockenfrüchte, allen voran Datteln und Feigen.**
Trockenfrüchte – in Maßen genossen (vier bis fünf Stück nur, da kalorienreich!) – verringern auch den Heißhunger auf sonstige Süßigkeiten. Außerdem können Datteln & Co. Cholesterinwerte, Stoffwechsel und Verdauung verbessern. Achten Sie auf Bioqualität, da in den Anbauländern oft viel Chemie zum Einsatz kommt.

Apfel-Dinkel-Porridge

Für 4 Portionen • Pro Portion: 248 kcal, 7 g E, 10 g F, 32 g KH

60 g ganze, ungeschälte Haselnüsse
100 g Dinkelkörner
2 säuerliche Äpfel (z. B. Granny Smith)
400 ml Wasser
1 Prise Salz
½ TL gemahlener Zimt
1–2 EL Honig

1. Haselnüsse in den Mixtopf geben, Messbecher aufsetzen und 3 Sekunden/Stufe 8 zerkleinern. In eine Schüssel umfüllen.
2. Den Dinkel in den Mixtopf geben (Messbecher!) und 3 Sekunden/Stufe 10 schroten.
3. Die Äpfel schälen, vierteln, Kerngehäuse entfernen, zum Dinkel geben und 3 Sekunden/Stufe 5 zerkleinern.
4. Wasser und Salz dazugeben und alles 2 Sekunden/Stufe 5 verrühren. Anschließend 15 Minuten/85 °C/Stufe 1 linksdrehend offen garen.
5. Zimt und Honig dazugeben und 2 Sekunden/Stufe 5 verrühren. Porridge auf vier kleine Schüsseln verteilen und mit den Haselnüssen bestreut servieren.

TIPP: **Basisch günstiger als Honig, der schwach säurebildend ist, oder stark säurebildende industriell hergestellte Sirupe ist selbst gemachte Dattelcreme.**

Mandeldrink

Für ca. 800 ml • Pro 100 ml: 17 kcal, 1 g E, 1 g F, 0 g KH

200 g ganze, geschälte Mandeln
Wasser
1 Prise Salz

1. Mandeln in eine Schüssel geben und mit Wasser bedecken. Offen 6–12 Stunden stehen lassen – je länger Sie die Mandeln einweichen, desto cremiger wird dann die »Milch«.
2. (Durch das lange Einweichen wird auch die Phytinsäure in den Mandeln etwas unschädlich gemacht, wodurch das Getränk besser verdaulich wird.)
3. Die Mandeln durch ein Sieb abgießen und unter fließend kaltem Wasser spülen.
4. Mandeln mit 1 l Wasser und Salz in den Mixtopf geben und 1 Minute/Stufe 10 zerkleinern. Durch ein feines Sieb in einen hohen Topf abgießen. Öfter schütteln, damit möglichst viel von der Milch in den Topf gelangt. In eine Glasflasche gefüllt hält sich die Mandelmilch 4–5 Tage im Kühlschrank.

TIPP: **Um die Milch noch feiner zu machen, können Sie sie auch durch einen Nussmilchbeutel (u. a. in Drogeriemärkten erhältlich) abseihen oder das Sieb mit einem Passiertuch auslegen und den Trester anschließend noch auspressen. Dieses Verfahren eignet sich auch für andere Nüsse.**

Quinoa-Porridge mit Granatapfelkernen

Für 4 Portionen • Pro Portion: 390 kcal, 11 g E, 20 g F, 41 g KH

50 g ungeschälte Mandeln
50 g Kokosflocken
350 ml Kokosdrink
1 Prise Salz
1 Stück Zimtrinde
200 g helle oder rote Quinoa
100 g Granatapfelkerne
100 g Himbeeren oder andere Beeren nach Belieben

1. Die Mandeln in den Mixtopf geben, Messbecher aufsetzen und 10 Sekunden/Stufe 8 zerkleinern.
2. Kokosflocken, Kokosdrink, 1 Prise Salz und die Zimtrinde dazugeben und in 6–7 Minuten/100 °C/Rührstufe zum Kochen bringen.
3. 150 g Quinoa in ein Sieb schütten und kalt abbrausen. Zum Kokosgemisch geben und 15 Minuten/85 °C/Stufe 0,5 linksdrehend quellen lassen, bis alle Flüssigkeit aufgesogen ist. Anschließend offen ausdampfen lassen und die Zimtrinde entfernen.
4. In der Zwischenzeit den Granatapfel entkernen. Die Himbeeren behutsam waschen, verlesen und mit 100 g Granatapfelkernen vermischen. (Die übrigen Granatapfelkerne können Sie 2–3 Tage im Kühlschrank aufbewahren.)
5. Den Porridge auf Schüssel verteilen, mit der restlichen Quinoa bestreuen und das Obst in die Mitte geben. Nach Belieben heiß oder kalt servieren.

TIPP: Granatäpfel entkernen ist ganz einfach. Frucht quer halbieren und mit der Schnittfläche nach unten über eine Schüssel halten. Mit einem Kochlöffel rundherum erst mit der Breitseite, dann mit der schmalen Seite kräftig auf die Schale klopfen: Schon fallen die Kerne heraus! Am Ende nur noch die eventuell mit herausgefallenen Trennhäutchen entfernen.

Quinoa-Porridge mit Beeren, Bananen und Nüssen

Für 4 Portionen • Pro Portion: 362 kcal, 11 g E, 15 g F, 44 g KH

1 Vanilleschote
200 ml Wasser
200 g helle Quinoa
200 ml Mandeldrink
250 g Heidelbeeren
1 Banane
50 g Walnusshälften
4 EL Chia-Samen

1. Die Vanilleschote längs halbieren und das Mark herauskratzen. Vanillemark und -schote mit dem Wasser in den Mixtopf geben und in 6–7 Minuten/100 °C/Rührstufe zum Kochen bringen.
2. Quinoa in ein Sieb schütten und kalt abbrausen. Ins Kochwasser geben und 15 Minuten/85 °C/Stufe 0,5 linksdrehend quellen lassen, bis alle Flüssigkeit aufgesogen ist.
3. Die Vanilleschote entfernen und den Mandeldrink 10 Sekunden/Stufe 2 einrühren. Offen ausdampfen lassen.
4. Die Heidelbeeren behutsam waschen, verlesen, eventuell die Stielchen entfernen und Beeren gut abtropfen lassen. Die Banane schälen und in Scheiben schneiden.
5. Die Walnüsse grob hacken und in einer beschichteten Pfanne ohne Fett anrösten.
6. Den Porridge auf vier Schüsseln verteilen, je 1 EL Chia Samen darüberstreuen und Nüsse, Heidelbeeren und Bananen obenauf geben.

TIPP: **Der Porridge schmeckt natürlich auch kalt. Sie können ihn auf Vorrat zubereiten, denn er hält sich zugedeckt einige Tage im Kühlschrank. Zur Abwechslung können Sie auch mit Kardamom oder abgeriebener Schale einer Biozitrone würzen.**

INFO: Beeren gehören zu den Top Ten in der basischen Ernährung. Sie enthalten Ellagsäure (Gerbstoffe), die Schadstoffe aus der Umwelt und aus der Lebensmittelverarbeitung neutralisiert. Zudem sind sie sehr mineralstoffreich und punkten mit jeder Menge Pflanzenfarbstoffen. Die Anthocyane, die in blauen und roten Früchten enthalten sind, schützen Gelenke, Augen, Haut und Nieren.

Hirse-Porridge mit Kürbis

Für 4 Portionen • Pro Portion: 249 kcal, 9 g E, 3 g F, 47 g KH

200 g Goldhirse
Salz
600 ml Wasser
300 g Hokkaido-Kürbis
150 ml fettarmer Joghurt oder Soja-Joghurt
2 EL gehackte Minze

1. Die Hirse in einem Sieb kalt abbrausen und mit 1 Prise Salz und Wasser in den Mixtopf geben. 5 Minuten quellen lassen, dann 10 Minuten/90 °C/Stufe 1 linksdrehend zugedeckt garen.
2. In der Zwischenzeit den Kürbis waschen, putzen, wenn nötig entkernen und in Würfel schneiden. Zur Hirse geben und 8 Minuten/90 °C/Stufe 1 linksdrehend mitgaren.
3. Den Joghurt 3 Sekunden/Stufe 3 linksdrehend unterrühren, eventuell mit etwas Salz abschmecken. Porridge in Dessertschüsseln verteilen und mit der Minze bestreut servieren.

TIPP: **Der vielseitige Kürbis passt auch gut in süße Rezepte. Verfeinern Sie den Porridge nach Belieben mit etwas Dattelsirup.**

INFO: **Hirse zählt botanisch zu den Süßgräsern und enthält viele Mineralstoffe, besonders Magnesium, Eisen und Silicium. Knochen, Haut, Haare und Nägel freuen sich besonders, wenn sie durch regelmäßige Hirse-Portionen Stärkung und Unterstützung bekommen.**
Hirse weist kein Gluten auf, jedoch etwa zehn Prozent Eiweiß. Im Gegensatz zu den herkömmlichen Getreidesorten gehört Hirse in der basischen Ernährung zu den guten Säurebildnern.

Hirse-Porridge mit Trockenfrüchten

Für 4 Portionen • Pro Portion: 309 kcal, 7 g E, 3 g F, 61 g KH

200 g Goldhirse
300 ml Wasser
1 Prise Salz
400 ml ungesüßter Mandeldrink
100 g getrocknete Soft-Aprikosen
50 g getrocknete Soft-Pflaumen
50 g ungeschwefelte Korinthen oder Rosinen

1. Die Hirse in einem Sieb kalt abbrausen und mit Wasser, Salz und Mandeldrink in den Mixtopf geben. Zugedeckt 17 Minuten/80 °C/Stufe 1 weich kochen.
2. In der Zwischenzeit die Aprikosen und Pflaumen in Streifen schneiden. Nach Belieben einige Früchte zur Dekoration ganz lassen.
3. Die geschnittenen Früchte und Korinthen zur Hirse geben und mit dem Spatel unterheben. 2 Minuten/80 °C/Stufe 1 linksdrehend erwärmen.
4. Den Porridge auf vier Schüsseln verteilen und mit den ganzen Früchten garniert servieren.

TIPP: Für ein wenig Biss kann gepuffte Hirse (Bioladen oder Reformhaus) sorgen – pro Portion 1 EL über den Porridge streuen.

INFO: Mandeldrink nennt man umgangssprachlich immer Mandelmilch. Darf man aber eigentlich nicht, weil es ja kein Milchprodukt ist. Handelsübliche Mandeldrinks sind oft zusätzlich mit Vitaminen angereichert und können Stabilisatoren und Bindemittel enthalten. Um diese Zusatzstoffe während Ihrer Entsäuerung zu vermeiden, achten Sie darauf, reinen, ungesüßten Mandeldrink zu kaufen. Sie können Ihren Mandeldrink auch einfach selbst machen (siehe Seite 31).

Avocado und Banane mit Erdmandelflocken

Für 4 Portionen • Pro Portion: 288 kcal, 5 g E, 19 g F, 26 g KH

20 g Kokosöl
80 g Erdmandelflocken
500 ml ungesüßter Mandeldrink
1 Banane
1 kleine Avocado
½ Zitrone
Pfeffer
20 g Sonnenblumenkerne

1. Das Kokosöl in den Mixtopf geben und 1 Minute/100 °C/Stufe Rührstufe schmelzen lassen. 580 g Erdmandelflocken dazugeben und 3 Minuten/100 °C/Stufe 2 rösten.
2. Die Flocken mit dem Spatel vom Topfrand lösen, die Mandelmilch dazugeben und Flocken 10–15 Minuten/Stufe 0,5 quellen lassen.
3. Die Banane schälen, grob zerschneiden. Die Avocado längs halbieren, den Kern entfernen und das Fruchtfleisch mit einem Löffel aus der Schale heben. Etwa 2 EL Avocado in kleine Würfel schneiden, mit 1 EL Zitronensaft beträufeln und zum Garnieren beiseitestellen.
4. Restliche Avocado und die Banane in den Mixtopf geben, Messbecher aufsetzen und alles 10 Sekunden/Stufe 6 fein pürieren.
5. Creme mit Zitronensaft und Pfeffer abschmecken, auf vier Gläser oder Schüsseln verteilen und mit den restlichen Erdmandelflocken, den Avocadowürfeln und den Sonnenblumenkernen bestreut servieren.

TIPP: **Dieses Gericht ist zum Löffeln gedacht. Wenn Sie lieber einen Smoothie zum Trinken wollen, einfach mit mehr Mandeldrink verdünnen.**

Erdmandel-Porridge mit Beeren

Für 4 Portionen • Pro Portion: 205 kcal, 4 g E, 11 g F, 20 g KH

700 ml Mandeldrink
100 g gemahlene Erdmandelflocken
20 g helle Chia-Samen
150 g Erdbeeren
75 g Heidelbeeren
1 Stängel frische Minze nach Belieben

1. Mandeldrink oder Wasser in den Mixtopf geben, Messbecher oder Garkörbchen aufsetzen (der Mandeldrink kann schäumen) und Flüssigkeit in 7 Minuten/ 100 °C/Rührstufe zum Kochen bringen.
2. 30 Sekunden/Stufe 2 am Gerät einstellen und die Erdmandelflocken und Chia-Samen löffelweise durch die Deckelöffnung einrühren. Alles 10 Minuten quellen und dabei etwas abkühlen lassen.
3. In der Zwischenzeit die Beeren waschen, verlesen, entstielen und klein schneiden. Die Minze waschen, gut trocken schütteln und die Blätter vom Stängel zupfen.
4. Den Mandelporridge auf vier tiefe Teller verteilen, das Beerenobst obenauf geben und mit den Minzeblättern garniert servieren.

TIPP: **Natürlich können Sie auch jedes andere Obst verwenden und das Ganze auch gerne mit gehackten Nüssen oder Trockenfrüchten bestreuen.**

Himbeerjoghurt mit Kokos

Für 4 Portionen • Pro Portion: 203 kcal, 7 g E, 12 g F, 16 g KH

30 g ungeschälte Mandeln
30 g Kokoschips
300 g Himbeeren (frisch oder tiefgekühlt)
4 entsteinte Soft-Datteln
400 g Naturjoghurt, 3,5 % Fett
1–2 EL Zitronensaft
Süßstoff nach Belieben

1. Mandeln und Kokoschips in den Mixtopf geben, Messbecher aufsetzen und 5 Sekunden/Stufe 7 zerkleinern. In eine kleine Schüssel umfüllen.
2. Tiefgekühlte Himbeeren etwas antauen lassen. Frische Himbeeren behutsam waschen, putzen und verlesen. Einige schöne Exemplare zum Garnieren beiseitelegen. Die Datteln grob zerschneiden.
3. Datteln, Himbeeren und Joghurt in den Mixtopf geben und 15 Sekunden/Stufe 7 zu einer Creme pürieren. Mit Zitronensaft und Süßstoff abschmecken und auf vier Schüsseln verteilen.
4. Joghurt mit den restlichen Himbeeren und den Mandeln und Kokoschips bestreut servieren.

TIPP 1: **Milchprodukte – gerade die fettarmen – zählen zu den schlechten Säurebildnern. Mit Joghurt sammeln Sie also nicht gerade Basenpunkte. Aber: Reichlich Beeren, Nüsse und Trockenfrüchte können die Säurelast neutralisieren, ja sogar in den basischen Bereich verschieben.**

TIPP 2: **Nehmen Sie am besten Biojoghurt oder machen Sie Ihren Joghurt mal im Thermomix® selbst: 1 l fettarme Milch in den Mixtopf geben und in 8 Minuten/40 °C/Stufe 2 erwärmen. 100 ml probiotischen Joghurt dazugeben und 10 Minuten/40 °C/Stufe 1 rühren. Danach Joghurt in ein verschließbares Gefäß umfüllen und 8 Stunden an einem warmen Ort bei ca. 25 °C lagern. Anschließend für 8 Stunden oder länger in den Kühlschrank stellen.**

INFO: Datteln – getrocknet oder frisch – gelten als stark basenbildend. Sie sind bis unter die Haut mit Mineralstoffen und Vitaminen gefüllt. Im Orient gilt das »Brot der Wüste« als wichtige Nahrungsquelle. Studien zeigen, dass Sie schon mit nur drei Datteln am Tag von den gesundheitlichen Wohltaten der kleinen Früchte profitieren. Der relativ hohe Zuckergehalt hat nur geringe Auswirkungen auf den Insulinstoffwechsel – Datteln bewirken daher keine Gewichtszunahme, bremsen aber den Appetit auf Süßigkeiten und Schokolade.
Frische Datteln gibt es etwa von September bis Januar. Die Früchte sollten eine pralle Oberfläche haben und schnell verzehrt werden. Getrocknete Datteln können bis zu ein Jahr aufbewahrt werden. Achten Sie darauf, ungeschwefelte und nach Möglichkeit biologisch angebaute Früchte zu kaufen.

Beerenobst mit Chia-Joghurt

Für 2 Portionen • Pro Portion: 103 kcal, 4 g E, 5 g F, 11 g KH

250 g Naturjoghurt, 3,5 % Fett
30 g Chia-Samen
250 g Beerenobst nach Belieben
2 EL Honig oder Dattelsirup
1–2 EL Zitronensaft
1 Stängel frische Minze

1. Den Joghurt mit den Chia-Samen verrühren und ½ Stunde – besser aber über Nacht – quellen lassen.
2. Die Beeren behutsam waschen, verlesen und gut abtropfen lassen. Einige Früchte zum Garnieren beiseitelegen, die restlichen Beeren mit dem Honig in den Mixtopf geben, den Messbecher aufsetzen und 2 Sekunden/Stufe 3 zerkleinern.
3. Beerenpüree mit Zitronensaft abschmecken und in zwei hohe Gläser füllen. Die Minze waschen, trocken schütteln und einige Blätter abzupfen.
4. Chia-Joghurt auf das Beerenpüree löffeln, die restlichen Beeren obenauf geben und Joghurt mit Minzeblättern garniert servieren.

TIPP: **Wenn Sie Ihr Frühstück etwas gehaltvoller mögen, lassen Sie 2 EL Hirseflocken oder Braunhirse in 50 ml Milch quellen und mischen sie nach dem Zerkleinern 3 Sekunden/Stufe 3 unter die Früchte.**

Beerenjoghurt mit Cashewkernen

Für 4 Portionen • Pro Portion: 199 kcal, 8 g E, 11 g F, 17 g KH

300 g Heidelbeeren
250 g Naturjoghurt
2 EL Dattelsirup oder Birkenzucker nach Belieben
30 g Leinsamen
30 g Cashewkerne
20 g Kokosraspel

1. Die Heidelbeeren in ein Sieb geben, behutsam abbrausen, abtropfen lassen und verlesen.
2. Die Hälfte der Heidelbeeren mit dem Joghurt in den Mixtopf geben, Messbecher aufsetzen und 15 Sekunden/Stufe 6 nicht zu fein pürieren. Nach Belieben mit Dattelsirup oder Süßstoff abschmecken.
3. Joghurt auf vier Schüsselchen verteilen und mit den restlichen Heidelbeeren, Leinsamen, Kokosraspeln und Cashewkernen bestreut servieren.

Knuspermüsli

Für 15 Portionen • Pro Portion (2 EL): 112 kcal, 4 g E, 10 g F, 2 g KH

50 g ungeschälte Mandeln
50 g Walnusskerne
50 g Sonnenblumen- oder Kürbiskerne
50 g Kokosraspel
50 g Erdmandelflocken
15 g Kakaopulver (Rohkostqualität)
2 EL Honig oder Dattelsirup

1. Den Backofen auf 120 °C (Umluft 100 °C) vorheizen. Mandeln, Walnusskerne und Sonnenblumenkerne in den Mixtopf geben, Messbecher aufsetzen und 3 Sekunden/Stufe 6 zerkleinern.
2. Kokosraspel, Erdmandelflocken, Kakaopulver und Honig dazugeben und 15 Sekunden/Stufe 2,5 zu einer krümeligen Masse rühren.
3. Ein Backblech mit Backpapier auslegen und die Nussmasse mit einer Teigkarte darauf verstreichen. Eine Stunde im vorgeheizten Backofen trocknen lassen, dabei alle 15 Minuten durchmischen.
4. Mischung gut auskühlen lassen und in einem verschließbaren Glas oder einer Box aufbewahren.

TIPP: **Wenn Sie nicht ganz streng mit Ihren Kohlenhydraten sind, machen sich auch getrocknete Cranberries oder eine paar Korinthen gut im Knuspermüsli.**

INFO: **Durch die vielen Nüsse und insbesondere die Erdmandeln ist diese Mischung extrem basisch. Sie können sie ohne Bedenken in Joghurt oder andere Milchprodukte rühren. Als basisch gelten folgende Zutaten für eine Müslimischung: Mandeln, Macadamianüsse, Paranüsse, frische Walnüsse, Sonnenblumenkerne, Kürbiskerne, Sesamsaat.**

Frühstück - Smoothies

Ananas-Bananen-Smoothie

Für 4 Portionen • Pro Portion: 152 kcal, 2 g E, 4 g F, 28 g KH

60 g ganze Erdmandeln (ersatzweise Erdmandelflocken, Reformhaus, Bioladen)
1 frische, kleine Ananas
2 Bananen
2 Stängel Minze
800 ml Mandel- oder Kokosdrink

1. Die Erdmandeln in den Mixtopf geben, Messbecher aufsetzen und 25 Sekunden/Stufe 10 zu Flocken mahlen.
2. Strunk und Boden der Ananas abschneiden. Frucht senkrecht stellen und die Schale von oben nach unten in Streifen großzügig abschneiden, sodass keine dunklen Stellen übrig bleiben. Die holzige Mittelrippe entfernen und das Fruchtfleisch in grobe Stücke schneiden.
3. Die Banane schälen und ebenfalls in Stücke schneiden. Die Minze waschen, trocken schütteln und die Blätter von den Stängeln zupfen.
4. Ananas, Banane, Minze und Mandeldrink zu den Erdmandelflocken geben, Messbecher aufsetzen und 40 Sekunden/Stufe 8 zu einem Smoothie mixen.
5. Smoothie nach Belieben mit etwas Wasser oder Mandelmilch verdünnen, auf vier Gläser verteilen und gleich genießen.

TIPP: **Erdmandeln sind zwar top für eine basenreiche Ernährung, Sie können aber zur Abwechslung auch andere Nüsse wie Para- oder Walnüsse verwenden. Nüsse gehören zu den guten Säurebildnern.**

INFO: Ananas kann Ihren Stoffwechsel bei der Entsäuerung optimal unterstützen. Die Tropenfrucht enthält besonders viele Mineralstoffe: Kalzium, Kalium, Magnesium, Mangan, Eisen und Zink. Alles wichtige Inhaltsstoffe, die überschüssige Säuren im Organismus neutralisieren.
Auch enthalten: Vanillin und Tryptophan – Stoffe, die glücklich machen. Sie beeinflussen den Serotoninspiegel und lassen Sie gut gelaunt und ausgeglichen sein.

EXTRATIPP: Äußerlich angewendet kann frischer Ananassaft Sonnen- und Altersflecken aufhellen. Die enthaltenen Enzyme lösen abgestorbene Hautzellen auf und helfen, sie zu erneuern.

Schokodrink mit Früchten

Für 4 Portionen • Pro Portion: 236 kcal, 6 g E, 7 g F, 37 g KH

80 g Buchweizen
800 ml Mandel- oder Kokosdrink
1 Prise Salz
30 g Kakaopulver (Rohkostqualität)
2 Bananen
30 g Trockenfrüchte (z. B. Goji-Beeren und Soft-Pflaumen)
20 g Kokoschips

1. 50 g Buchweizen in den Mixtopf geben, Messbecher aufsetzen und 7 Sekunden/Stufe 9 zerkleinern.
2. Den Mandeldrink mit dem restlichen Buchweizen, Salz und dem Kakaopulver dazugeben und in 8–9 Minuten/Stufe 1,5 linksdrehend zum Kochen bringen. Anschließend 8 Minuten/60 °C/Rührstufe linksdrehend quellen lassen.
3. Die Bananen schälen, einige Scheiben zur Seite legen und den Rest mit einer Gabel zerdrücken. Zum Kakao geben, Messbecher aufsetzen und 10 Sekunden/Stufe 4 linksdrehend unterrühren.
4. Schokodrink auf vier große Tassen verteilen und mit Trockenfrüchten, Kokosflocken und den Bananenscheiben belegt servieren.

TIPP: **Passend und ebenfalls basenbildend sind Chia-Samen, die Sie nach dem Aufkochen zum Quellen in den Mixtopf geben können. Pro Portion etwa 10 g – sonst wird der Schokodrink zu dickflüssig.**

Tomatensaft mit Paprika und Basilikum

Für 4 Portionen • Pro Portion: 42 kcal, 2 g E, 1 g F, 7 g KH

250 g vollreife Tomaten
200 g Garten- oder Salatgurke
250 g rote Paprikaschote
25 g Basilikumblätter
200–300 ml stilles Mineralwasser
Salz, Pfeffer

1. Die Tomaten waschen, halbieren und die Stielansätze entfernen. Die Gurke heiß waschen (Sie können sie mit Schale verwenden) und grob zerschneiden. Die Paprikaschote waschen, putzen, entkernen und ebenfalls grob zerschneiden. Das Basilikum waschen und trocken schütteln. Einige Blätter zum Garnieren beiseitelegen.
2. Alle vorbereiteten Zutaten in den Mixtopf geben und 1 Minute/Stufe 9 fein pürieren. Nach Belieben mit Mineralwasser verdünnen und 10 Sekunden/Stufe 6 vermischen.
3. Saft mit Salz und Pfeffer abschmecken und auf vier Gläser verteilen. Die restlichen Basilikumblätter an den Rand stecken.

TIPP: **Zum Mitnehmen eignen sich Fläschchen mit 250 ml Fassungsvermögen. Es gibt sie mit Schraub- oder Bügelverschluss in Kaufhäusern oder gut sortierten Supermärkten. Sie können aber auch Fläschchen von fertig gekauften Smoothies oder Saucen sammeln.**

Tomatensaft mit Melone und Erdbeeren

Für 4 Portionen • Pro Portion: 50 kcal, 1 g E, 0 g F, 10 g KH

200 g vollreife Tomaten
300 g Wassermelone
100 g Erdbeeren
150 g Salatgurke
200–300 ml stilles Mineralwasser
1–2 TL Zitronensaft
Salz, Pfeffer oder Tabasco

1. Die Tomaten waschen, halbieren und die Stielansätze herausschneiden. Das Stück Wassermelone schälen und die Kerne entfernen. Die Erdbeeren waschen und die Stiele entfernen. Gurke waschen, nach Belieben einige dünne Scheiben zum Garnieren abschneiden, den Rest schälen, längs halbieren und die Kerne mit einem Löffel herauskratzen.
2. Die vorbereiteten Zutaten in den Mixtopf geben, Messbecher aufsetzen und 1 Minute/Stufe 9 fein pürieren.
3. Saft mit Wasser verdünnen und zugedeckt 10 Sekunden/Stufe 6 gut vermischen. Mit Zitronensaft, Salz Pfeffer oder Tabasco pikant abschmecken. Auf vier Gläser verteilen, mit den Gurkenscheiben garnieren und gleich genießen.

INFO: **Gemüsesäfte entsäuern und stärken das Immunsystem. Sie machen die Darmflora fit, regeln den Wasserhaushalt und helfen beim Abnehmen. Dabei nimmt der Tomatensaft eine hervorragende Stellung ein: Das enthaltene Lycopin senkt das Krebsrisiko, weil es die Umwandlung von Nitraten in Nitrosamine verhindert. Wichtig: Der Tomatensaft sollte nicht zu kalt sein. Entgegen der bisherigen Meinung, dass Tomaten erhitzt werden müssen, damit das Lycopin wirksam werden kann, genügt es aber, den Saft bei Zimmertemperatur zu trinken.**
Vor allem rohe Tomaten machen das Blut alkalischer und neutralisieren Säuren. Zudem wirken Tomaten harntreibend, was die Ausscheidung von Säuren fördert.

Rote-Bete-Smoothie mit Apfel

Für 4 Portionen • Pro Portion: 154 kcal, 1 g E, 5 g F, 24 g KH

300 g rohe Rote Bete
2 kleine Äpfel
1 Stück Ingwer (je nach Geschmack haselnuss- oder walnussgroß)
600 ml Kokoswasser
2 EL Lein- oder Nussöl
Salz

1. Die Roten Beten mit einem Sparschäler dünn abschälen. Dabei die Hände mit Einmalhandschuhen oder einer kleinen Plastiktüte vor dem roten Farbstoff schützen. Rote Beten grob würfeln und in den Mixtopf geben.
2. Die Äpfel schälen, vierteln und die Kerngehäuse entfernen. Ingwer schälen und halbieren. Beides zur Roten Bete in den Mixtopf geben, Messbecher aufsetzen und 5 Sekunden/Stufe 5 zerkleinern.
3. Mit dem Spatel nach unten schieben, das Kokoswasser und Öl dazugießen und alles 30 Sekunden/Stufe 8 zu einem cremigen Drink mixen (Messbecher!). Nach Belieben mit etwas Salz würzen und auf vier Gläser (ca. 250 ml) verteilen.

TIPP: **In einem verschließbaren Becher oder Fläschchen hält sich der Drink 1–2 Tage im Kühlschrank und kann gut mitgenommen werden. Der Drink schmeckt auch gut, wenn Sie statt der Äpfel etwa 100 g Möhre mit den Roten Beten pürieren.**

Variante: Kiwi und Orangensaft

Für 4 Portionen • Pro Portion: 118 kcal, 4 g E, 2 g F, 17 g KH

120 g Grünkohl (ca. 2–3 frische Blätter oder 6 »Würfel« tiefgekühlter Grünkohl)
300 g Salatgurke (ca. 20 cm)
3 Kiwis
4 Orangen
2 Stängel frische Minze
1 EL Chia-Samen
200 ml stilles Wasser

1. Die Grünkohlblätter unter fließendem Wasser waschen und die harten Rippen herausschneiden. Das Grün grob hacken. Das Stück Salatgurke schälen, längs halbieren und die Kerne mit einem Löffel herauskratzen. Das Fruchtfleisch grob zerschneiden.
2. Die Kiwis schälen, längs vierteln und die harte Mittelrippe entfernen. Die Orangen auspressen. Die Minze waschen und trocken schütteln.
3. Alle Zutaten in den Mixtopf geben, den Messbecher aufsetzen und 1 Minute/Stufe 10 sehr fein pürieren.

TIPP: **Sie können den Grünkohl auch durch andere Kohlsorten oder Mangold ersetzen. Beachten Sie aber: Je dunkler das Grün, desto besser die entgiftende und basische Wirkung.**

Smoothie mit Trauben, Spinat und Apfel

Für 4 Portionen • Pro Portion: 91 kcal, 1 g E, 1 g F, 22 g KH

2 EL Erdmandeln oder ungesalzene Mandeln
200 g helle Trauben
2 säuerliche Äpfel
50 g junge Spinatblätter
200–300 ml stilles Mineralwasser
Pfeffer
1–2 EL Zitronensaft

1. Die Erdmandeln in den Mixtopf geben, Messbecher aufsetzen und 30 Sekunden/Stufe 10 mahlen.
2. Trauben waschen und von den Stängeln zupfen. Die Äpfel schälen, vierteln und entkernen. Spinat – wenn nötig – waschen und verlesen.
3. Die vorbereiteten Zutaten mit 150 ml Wasser in den Mixtopf geben und alles 30 Sekunden/Stufe 9 fein pürieren. Nach Belieben mit dem restlichen Mineralwasser verdünnen.
4. Smoothie mit Pfeffer und Zitronensaft pikant abschmecken und auf vier Gläser verteilen.

INFO: **Erdmandeln, Tigernuss oder Chufas sehen nur so ähnlich aus wie Mandeln, sind aber Wurzelknöllchen eines Zyperngrases. Sie schmecken süßlich, etwas nussig und sind in Bioläden und Reformhäusern erhältlich. Im Ganzen kann sie der Thermomix® gut verarbeiten, wenn man sie roh essen möchte, müssen sie aber eingeweicht werden. Es gibt auch Erdmandelflocken, -chips und -mehl. Für ein basisches Frühstück – aber auch andere Mahlzeiten – sind sie unverzichtbar: Sie enthalten so viele Ballaststoffe, dass sie den Blutzuckerspiegel lange stabil halten, sodass Sie sich lange satt fühlen.**

Reichlich Magnesium und Vitamin E bringen noch eine Extraportion Gesundheit, deshalb haben wir Erdmandeln auch öfter mal in Suppen und andere Gerichte geschmuggelt.

Apfel-Kiwi-Smoothie mit Gurke

Für 4 Portionen • Pro Portion: 131 kcal, 3 g E, 3 g F, 21 g KH

2 grüne Äpfel
3 Kiwis
1 Salatgurke
1 Limette
800 ml ungesüßter Mandeldrink
Salz, Pfeffer

1. Die Äpfel waschen (die Schale wird mitverwendet), vierteln, die Kerngehäuse entfernen und das Fruchtfleisch grob zerschneiden.
2. Die Kiwis schälen, halbieren, die harte Mittelrippe herausschneiden. Die Salatgurke schälen, längs halbieren und die Kerne mit einem Löffel herauskratzen. Die Limette auspressen.
3. Äpfel, Kiwis und Gurke mit dem Mandeldrink in den Mixtopf geben und 45 Sekunden/Stufe 9 fein pürieren. Mit Salz, Pfeffer und Limettensaft abschmecken.
4. Smoothie auf vier Gläser verteilen und servieren oder zum Mitnehmen in Schraubgläser füllen.

TIPP: **Zum Mitnehmen eignen sich Gläser mit Schraubdeckel, wie sie für Marmeladen verwendet werden, oder kleine 250-ml-Fläschchen. Beides gibt es in Kaufhäusern und manchmal auch in gut sortierten Supermärkten. Smoothies aus dem Supermarkt sind ebenfalls in solche Fläschchen abgefüllt. Achten Sie aber beim Einkauf auf die Inhaltsstoffe – sie könnten säurebildend sein.**

Smoothie aus Grünkohl und Ananas

Für 4 Portionen • Pro Portion: 85 kcal, 2 g E, 0 g F, 17 g KH

120 g Grünkohl (ca. 2–3 frische Blätter oder 6 »Würfel« tiefgekühlter Grünkohl)
300 g frische Ananas
1 Stück Ingwer (walnussgroß)
500 ml Kokosdrink
½ TL Kurkuma
1 Prise schwarzer Pfeffer
6–8 Eiswürfel nach Belieben
stilles Wasser zum Verdünnen

1. Die Grünkohlblätter unter fließendem Wasser waschen und die harte Rippe herausschneiden. Das Grün grob hacken. Die Ananas schälen, putzen und grob zerschneiden. Den Ingwer schälen und vierteln.
2. Alle Zutaten in den Mixtopf geben, Messbecher aufsetzen und 1 Minute/Stufe 10 fein pürieren.
3. Smoothie nach Belieben mit stillem Wasser verdünnen und gleich servieren.

TIPP: **Beim Mitmixen von Eiswürfeln wird Ihr Smoothie cremiger. Wenn Sie tiefgekühlten Grünkohl (in praktischen Würfeln in der Verpackung) verwenden, übernimmt der auch den Cremeeffekt, und Sie können die Eiswürfel weglassen.**

Variante: Heidelbeeren und Mandeldrink

Für 4 Portionen • Pro Portion: 88 kcal, 3 g E, 2 g F, 15 g KH

120 g Grünkohl (ca. 2–3 frische Blätter oder 6 »Würfel« tiefgekühlter Grünkohl)
250 g Heidelbeeren
2 kleine Bananen
300 ml Mandeldrink
stilles Wasser nach Belieben

1. Die Grünkohlblätter unter fließendem Wasser waschen und die harten Rippen herausschneiden. Das Grün grob hacken. Die Heidelbeeren in einem Sieb waschen und verlesen. Die Bananen schälen.
2. Alle Zutaten in den Mixtopf geben, Messbecher aufsetzen und 1 Minute/Stufe 10 zu einem cremigen Drink pürieren. Nach Belieben mit Wasser oder noch mehr Mandeldrink verdünnen.

INFO: **Schauen Sie sich im Biomarkt oder im Reformhaus um. Es kommen ständig neue Produkte dazu, mit denen Sie statt Kuhmilch leckere Drinks zubereiten können, zum Beispiel Kokos-Mandel-Milch oder Reismilch.**

Apfel-Brokkoli-Smoothie

Für 4 Portionen • Pro Portion: 50 kcal, 2 g E, 0 g F, 9 g KH

150 g Brokkoliröschen, (frisch oder tiefgekühlt)
2 kleine säuerliche Äpfel
½ Salatgurke oder 1 Gartengurke
50 g grüne Salat- oder Spinatblätter
400 ml stilles Mineralwasser
5–6 Eiswürfel nach Belieben
Salz, Pfeffer

1. Brokkoliröschen waschen und grob zerschneiden. Die Äpfel waschen (sie werden mit der Schale verwendet), vierteln und die Kerngehäuse entfernen. Die Gurke waschen, vier Scheiben zum Garnieren abschneiden und beiseitelegen, den Rest grob zerschneiden. Den Salat waschen und gut abtropfen lassen.
2. Alle vorbereiteten Zutaten mit dem Mineralwasser und nach Belieben den Eiswürfeln in den Mixtopf geben, Messbecher aufsetzen und 40 Sekunden/Stufe 7–10 ansteigend fein pürieren. Smoothie mit Salz und Pfeffer abschmecken und eventuell mit mehr Mineralwasser verdünnen.
3. In vier Gläser füllen und mit den Gurkenscheiben garniert servieren.

TIPP 1: **Statt des Apfels können Sie den Smoothie auch mit etwa 200 g Ananas, die besonders basenbildend ist, zubereiten.**

TIPP 2: **Der Smoothie kann in einem Schraubglas gut mitgenommen werden.**

Grapefruit-Smoothie mit Banane und Minze

Für 4 Portionen • Pro Portion: 131 kcal, 2 g E, 0 g F, 26 g KH

2 pinke Grapefruits
1 Limette
2 Bananen
1 Stück Ingwer (walnussgroß) nach Belieben
3 Stängel frische Minze
2 entsteinte Datteln
200–300 ml stilles Mineralwasser

1. Die Grapefruits schälen, möglichst viel von der weißen Haut entfernen. In Spalten teilen und die Kerne herauspulen. (Einfacher ist es, die Früchte auszupressen – es wäre aber schade um die Ballaststoffe.)
2. Die Limette auspressen, die Bananen schälen und grob zerschneiden. Ingwer – nach Belieben – schälen und klein schneiden. Die Minze waschen, trocken schütteln, zwei Stängel zum Garnieren aufbewahren, vom anderen die Blätter abzupfen.
3. Grapefruit, Limettensaft, Bananen, Minzeblätter und Datteln in den Mixtopf geben, Messbecher aufsetzen und 30 Sekunden/Stufe 9 pürieren.
4. Smoothie nach Belieben mit Mineralwasser verdünnen, auf vier Gläser verteilen und mit der restlichen Minze garniert servieren.

INFO: Da wir in der basenbetonten Ernährung auf isolierten Zucker in jeder Form verzichten müssen, stellt sich die Frage: Womit süßen? Denn auch als natürlich angepriesener Sirup und Dicksaft enthalten bis zu 90 Prozent Zucker. Basisch orientierte Ärzte sind uneinig in der Empfehlung von Zucker-Austauschstoffen. Manchmal werden Erythrit, Stevia und Xylit empfohlen, manchmal nicht. Abgelehnt werden einstimmig künstliche Süßstoffe wie Aspartam oder Saccharin.
Besser ist auf jeden Fall, sich an den natürlichen süßen Geschmack von Obst und Früchten zu gewöhnen – auch wenn das anfangs vielleicht etwas weniger süß schmeckt als gewohnt. Alternativ könnte man Manuka-Honig oder Kokosblütenzucker (Reformhäuser) verwenden.

Frühstück – Basische Aufstriche

Süßlupinen-Creme

Für ca. 15 Portionen • Pro Portion (1 EL): 33 kcal, 1 g E, 3 g F, 1 g KH

80 g Süßlupinenschrot
25 g Sesamsaat
150 ml Wasser
1 Knoblauchzehe
50 ml Rapsöl
3 EL Zitronensaft
Salz, Pfeffer
50 ml ungesüßter Mandel- oder Kokosdrink nach Belieben
2 EL Sesamöl
1 TL Paprikapulver, rosenscharf

1. Süßlupinenschrot und Sesamsaat in den Mixtopf geben, Messbecher aufsetzen und 1 Minute/Stufe 10 zu einem feinen Mehl mahlen.
2. Das Wasser dazugeben und in 2,5 Minuten/100 °C/Stufe 2 aufkochen lassen. Nach 15 Sekunden das Rührwerk kurz anhalten und das Mehl mit dem Spatel vom unteren Topfrand lösen. Den Brei auf ca. 55 °C auskühlen lassen.
3. Knoblauch schälen, halbieren und in den Mixtopf geben. Öl und 2 EL Zitronensaft dazugießen und 2 x 10 Sekunden/Stufe 5 vermischen. Dazwischen die Creme mit dem Spatel von Deckel und Topfwand nach unten schieben.

4. Creme in eine Schüssel umfüllen, mit Salz, Pfeffer und dem restlichen Zitronensaft abschmecken und zugedeckt im Kühlschrank 12 Stunden durchziehen lassen.
5. Die Creme nach Belieben mit 50 ml Mandel- oder Kokosdrink verdünnen. Zum Anrichten für Gäste in einen tiefen Teller geben, mit Sesamöl beträufeln und mit dem Paprikapulver bestreut servieren.

INFO: Das Eiweiß in den Süßlupinen ist basisch! Es enthält nämlich keine harnsäurebildenden Purine, dafür aber alle acht essenziellen Aminosäuren, die der Organismus nicht selbst herstellen kann. Da während einer Basenkur die meisten Eiweißträger gemieden werden sollen, können Produkte aus Süßlupinen einspringen. Lupinen enthalten 18 Prozent, Lupinenmehl bis zu 41 Prozent Eiweiß. Angebaut werden die genügsamen Lupinen zudem in heimischen Regionen. Ihr Mehl kann als Eiweißbooster in Smoothies gestreut, aber auch zum Backen verwendet werden. Lediglich Allergiker (Eiweiß, Erdnüsse) sollten zuerst vorsichtig die Verträglichkeit testen. Süßlupinen bekommen Sie in Reformhäusern und Bioläden im Ganzen, geschrotet oder als Mehl.

ACHTUNG: Die hübschen Lupinen aus dem Garten sind giftig! Ihre Samen können nicht verwendet werden.

Haselnuss-Schoko-Creme mit Banane

Für 20 Portionen • Pro Portion (1 EL): 60 kcal, 1 g E, 4 g F, 4 g KH

1 Banane
½ Vanilleschote
100 g ganze Haselnüsse
20 g Kakaopulver (Rohkostqualität)
25 g Kokosöl
4 entsteinte Datteln oder 2 EL Dattelcreme (Rezept Seite 29)

1. Die Banane schälen und in Stücke schneiden. Die Vanilleschote längs aufschlitzen und das Mark herauskratzen.
2. Haselnüsse in den Mixtopf geben, Messbecher aufsetzen und 45 Sekunden/Stufe 10 fein mahlen. Zwischendurch eventuell die Haselnussmasse mit dem Spatel nach unten schieben.
3. Kakaopulver, Banane, Vanillemark, Kokosöl und Datteln dazugeben und 30 Sekunden/Stufe 7 (Messbecher) zu einer Creme verarbeiten.

TIPP: **Sie können die Haselnüsse auch durch Erdmandeln ersetzen, die Sie 45 Sekunden/Stufe 10 fein mahlen. Erdmandeln sind noch basenwirksamer als Haselnüsse.**

»Mandella«

Für ca. 30 Portionen • Pro Portion (1 EL): 103 kcal, 3 g E, 9 g F, 2 g KH

400 g ungeschälte Mandeln
50 g Kokosöl
½ TL Salz
50 g Kakaopulver (Rohkostqualität)
3 EL Dattelcreme (Rezept Seite 29), ersatzweise 50 g entsteinte Soft-Datteln

1. Die Mandeln in den Mixtopf geben, Messbecher aufsetzen und 30 Sekunden/Stufe 10 fein mahlen. In eine Schüssel umfüllen.
2. Das Kokosöl in den Mixtopf geben und 30 Sekunden/120 °C/Stufe 2 schmelzen. Salz, Kakaopulver und Mandelmehl dazugeben und 10 Sekunden/Stufe 3 verrühren.
3. Dattelcreme 10 Sekunden/Stufe 3 unterrühren und Creme abschmecken. Eventuell noch mehr Dattelcreme oder Zuckerersatz (Kokosblütenzucker oder Erythrit) verwenden. Wenn Sie statt der Creme ganze Datteln verwenden, sollten Sie sie erst 2 x 5 Sekunden/Stufe 10 mit etwas Wasser oder Orangensaft zerkleinern.
4. Creme in gut verschließbare Schraubgläser füllen und im Kühlschrank aufbewahren.

TIPP 1: **Sie können die Mandelcreme nach Belieben aromatisieren, zum Beispiel mit Zimt, Vanillemark, Bioorangenschale oder Chili. Eines oder mehrere Gewürze zusammen mit den Mandeln zerkleinern.**

TIPP 2: **Wenn Sie 1–2 EL dieser Creme in heiße Mandelmilch einrühren, ergibt das einen leckeren basischen Kakao!**

Marmelade mit getrockneten Feigen

Für ca. 20 Portionen • Pro Portion (1 EL): 18 kcal, 0 g E, 0 g F, 3 g KH

100 g getrocknete Feigen
100 ml kräftiger Früchtetee-Aufguss
2 EL Zitronensaft
½ TL gemahlener Zimt nach Belieben
30 g helle Chia-Samen

1. Die Feigen in den Mixtopf geben und 4 Sekunden/Stufe 5 zerkleinern. Den heißen Früchtetee dazugeben und das Ganze in 2 Minuten/100 °C/Stufe 2 einmal aufkochen lassen. Dann 2–3 Stunden oder am besten über Nacht quellen lassen.
2. Zitronensaft und nach Belieben Zimt dazugeben und alles 7 Sekunden/Stufe 6 pürieren. Die Chia-Samen 5 Sekunden/Stufe 3 einrühren und die Marmelade in ein vorbereitetes Glas (250 ml) füllen. Im Kühlschrank 10–12 Stunden quellen lassen.

TIPP 1: **Wenn die Marmelade doch noch zu flüssig ist, einfach noch 1 EL Chia-Samen einrühren und wieder quellen lassen. Allerdings wird die Marmelade nie ganz so fest wie mit Gelierzucker.**

TIPP 2: **Die Marmelade können Sie auch mit anderen Trockenfrüchten zubereiten und je nach Geschmack noch Vanillemark oder Mandelsplitter zufügen.**

Brokkoli-Pesto

Für ca. 30 Portionen • Pro Portion (1 EL): 26 kcal, 1 g E, 2 g F, 1 g KH

400 g Brokkoli
1 l Wasser
1 Knoblauchzehe
30 g Paranüsse
½ Zitrone
20 g frisches Basilikum
50 ml Olivenöl
Salz, Pfeffer

1. Brokkoli waschen und die Röschen abschneiden. Den Stiel schälen, putzen und grob zerkleinern. Beides in das Garkörbchen legen.
2. Wasser in den Mixtopf geben, Garkörbchen einhängen und Brokkoli 20 Minuten/100 °C/Rührstufe dämpfen, bis auch die Stiele weich sind. Mixtopf ausleeren.
3. In der Zwischenzeit Knoblauch abziehen. Paranüsse grob hacken und in einer beschichteten Pfanne ohne Fett goldgelb rösten. Die halbe Zitrone auspressen. Basilikum waschen, trocken schütteln und die Blätter von den Stängeln zupfen.
4. Nach Belieben etwas gehackte Paranuss und einige Basilikumblätter zum Garnieren beiseitelegen. Alle übrigen Zutaten (außer Salz und Pfeffer) in den Mixtopf geben und 20 Sekunden/Stufe 6 zu einer geschmeidigen Creme pürieren.
5. Creme mit Salz und Pfeffer abschmecken, zum Servieren in eine Schüssel umfüllen und mit den restlichen Paranussstücken und Basilikumblättern bestreuen.

TIPP: **In ein Schraubglas gefüllt können Sie das Pesto mindestens eine Woche im Kühlschrank aufbewahren. Am besten mit einer dünnen Ölschicht bedecken.**

Maronenmarmelade

Für ca. 30 Portionen • Pro Portion (1 EL): 40 kcal, 0 g E, 2 g F, 6 g KH

250 g Maronen
Wasser
100 g entsteinte Datteln
1 Vanilleschote
40 g Zartbitterkuvertüre
15 g Kakaopulver (Rohkostqualität)

1. Maronen 1 Stunde in kaltem Wasser einweichen, mit einem scharfen Messer am spitzen Ende oder an der bauchigen Seite kreuzweise einschneiden. In den Einlegeboden legen, 1 l Wasser in den Mixtopf füllen, Varoma aufsetzen und Maronen 50 Minuten/Varoma/Rührstufe garen. (Alternativ in siedendem Salzwasser auf dem Herd 20 Minuten kochen.) Anschließend abkühlen lassen und schälen. Die pelzigen Häutchen lassen sich schwer entfernen. Wenn etwas davon dran bleibt, ist es nicht schlimm, da die Marmelade ohnehin püriert wird.
2. Geschälte Maronen in 300 ml Wasser 15 Minuten/100 °C/Stufe 2 linksdrehend weich kochen.
3. Die Datteln grob zerschneiden. Die Vanilleschote längs aufschlitzen und das Mark herauskratzen. Die Kuvertüre grob hacken.
4. Datteln, Vanillemark, Kuvertüre und Kakaopulver zu den Maronen geben und weitere 10 Minuten/100 °C/Stufe 2 linksdrehend kochen. Dann 30 Sekunden/Stufe 5–6 ansteigend pürieren und in zwei vorbereitete Schraubgläser à ca. 200 ml füllen.

TIPP: **Wenn Sie vorgekochte Maronen verwenden, brauchen Sie etwa 350 g davon. Es lohnt aber, die Maronen frisch zu kochen, da sie dann viel aromatischer sind!**

INFO: Edelkastanie, Esskastanie oder Maronen: Eine Tüte vom Weihnachtsmarkt hat so viele Kalorien wie ein komplettes Menü! Das ist aber kein Grund, die Finger davon zu lassen. Sie enthalten so viele Mineralstoffe, dass sie geradezu ein Basenbooster sind. Und das schon in kleinen Mengen. Maronen sind nicht nur geschmacklich eine gute Beilage zu Fleisch – sie sind extrem gut dazu geeignet, den Säureüberschuss abzubauen.
Botanisch gesehen sind Maronen Nüsse, sie können aber nicht roh gegessen werden.

Rote-Bete-Aufstrich

Für ca. 30 Portionen • Pro Portion (1 EL): 89 kcal, 3 g E, 7 g F, 3 g KH

300 g rohe Rote Bete
2 Knoblauchzehen
½ Orange (am besten Blutorange)
150 g geschälte Mandeln
1 TL gemahlener Kreuzkümmel
2 EL Olivenöl
Salz, Pfeffer
2 Stängel glatte Petersilie

1. Die Roten Beten mit einem Sparschäler schälen, putzen und grob würfeln. Ziehen Sie dazu Einmalhandschuhe an, wenn Sie nicht rot gefärbte Hände haben wollen.
2. Die Knoblauchzehen abziehen. Die halbe Orange auspressen.
3. Die Roten Beten mit dem Knoblauch in den Mixtopf geben, den Messbecher aufsetzen und 7 Sekunden/Stufe 6 zerkleinern. Mandeln (eventuell einige Mandeln zum Bestreuen hacken und beiseitestellen), Kreuzkümmel, Olivenöl und Orangensaft dazugeben und 30 Sekunden/Stufe 5–7 ansteigend zu einer geschmeidigen Paste verarbeiten. Eventuell noch etwas Orangensaft hinzufügen – das Gemüse enthält mal mehr, mal weniger Wasser.
4. Creme mit Salz und Pfeffer kräftig abschmecken und in eine Schüssel umfüllen. Wenn Sie den Aufstrich gleich servieren: Petersilie waschen, trocken schütteln, die Blätter von den Stielen zupfen und auf dem Aufstrich verteilen.

TIPP: **Im Schraubglas hält sich der Rohkost-Aufstrich gut gekühlt 2–3 Tage.**

INFO: **Rote Bete wird vom Pflanzenfarbstoff Betain so rot. Dieser ist ein super Stimulanz für Leber und Gallenblase. Rote Beten gehören zu den gesündesten Gemüsen überhaupt. Und noch wertvoller sind die Blätter der Rübchen mit ihren Inhaltsstoffen. Sie können die gewaschenen Blätter in Smoothies mixen oder auch klein geschnitten in Suppen oder Eintöpfe streuen.**

Blumenkohlaufstrich

Für ca. 30 Portionen • Pro Portion (1 EL): 17 kcal, 1 g E, 1 g F, 2 g KH

1 kleine Zwiebel
2 Knoblauchzehen
10 g Kokosöl
400 g Blumenkohl
75 g Kokosraspel
200 ml Kokosdrink
75 g Kokosmehl
1–2 EL Zitronensaft
Salz, Pfeffer
2 EL Schnittlauch in Röllchen oder gehackte Petersilie

1. Die Zwiebel abziehen und halbieren. Knoblauchzehen schälen. Beides in den Mixtopf geben, Messbecher aufsetzen und 5 Sekunden/Stufe 5 zerkleinern. Mit dem Spatel nach unten schieben, das Kokosöl dazugeben und 4 Minuten/100 °C/Stufe 1,5 andünsten.
2. Den Blumenkohl waschen, in Röschen teilen und mit den Kokosraspeln in den Mixtopf geben. Kokosdrink angießen und den Blumenkohl in 15–16 Minuten/100 °C/Stufe 1 sehr weich kochen.
3. Das Kokosmehl dazugeben und alles mit Messbecher 20 Sekunden/Stufe 6 zu einer geschmeidigen Creme pürieren.
4. Aufstrich mit Zitronensaft, Salz und Pfeffer abschmecken und in eine Schüssel umfüllen. Zum Servieren mit Schnittlauch oder Petersilie bestreuen.

TIPP: **Den Aufstrich können Sie in einem Schraubglas 3–4 Tage im Kühlschrank aufbewahren. Sie können ihn auch mit Paprikapulver bestreuen und mit Öl, zum Beispiel Nuss- oder Avocadoöl, beträufeln.**

Avocado-Hummus

Für 6 Portionen als Vorspeise • Pro Portion: 212 kcal, 6 g E, 17 g F, 9 g KH

2 reife Avocados
2 Knoblauchzehen
2 Stängel glatte Petersilie oder Koriander
1 kleine Dose Kichererbsen (265 g Abtropfgewicht)
2 EL Sesampaste (Bioladen, Reformhaus)
1 TL gemahlener Kreuzkümmel
2 EL Olivenöl
Salz, Pfeffer
1–2 EL Zitronensaft, nach Belieben auch mehr

1. Die Avocados längs halbieren, den Kern entfernen und das Fruchtfleisch mit einem Löffel aus der Schale heben. Die Knoblauchzehen abziehen. Petersilie waschen, trocken schütteln und die Blätter von den Stängeln zupfen.
2. Die Kichererbsen in ein Sieb geben und kalt abbrausen. Abtropfen lassen und in den Mixtopf geben. Alle übrigen Zutaten (außer Salz, Pfeffer und Zitronensaft) in den Mixtopf geben, Messbecher aufsetzen und 15 Sekunden/Stufe 6 zu einer geschmeidigen Paste verarbeiten.
3. Creme mit Salz, Pfeffer und Zitronensaft abschmecken und gleich servieren. Avocados reagieren sehr schnell mit dem Sauerstoff der Luft und werden bräunlich und unansehnlich.

INFO 1: **Avocados dürfen in der basischen Ernährung nicht fehlen. Lassen Sie sich nicht abschrecken vom hohen Fettgehalt der Früchte: 85 Prozent ihrer Kalorien stammen aus Fett. Es sind aber äußerst gesunde Fette, die das Gesamtcholesterin senken und das »gute« HDL-Cholesterin erhöhen. Die enthaltene Oleinsäure bringt den Stoffwechsel in Schwung, und fördert die Bildung von Antioxidantien. Mit Selen, Betacarotin und Lutein liefern Avocados auch viele entzündungshemmende Stoffe.**

INFO 2: Der Kern der Avocado ist viel zu schade zum Wegwerfen. In ihm steckt die volle Power der Früchte. Daher den Kern säubern, die dunkle Haut entfernen, Kern mit einem großen, scharfen Messer in Scheiben schneiden und zwei Tage trocknen lassen. Danach im Thermomix® 40 Sekunden/Stufe 10 mahlen und jeweils ½ TL des orangefarbenen Pulvers in Müslis, Porridge oder Smoothies rühren.

Salate

Alle Blattsalate gelten als gute Basenbildner und können mit einem leichten Essig-Öl-Dressing angerichtet werden. Für die Zubereitung im Thermomix® haben wir Rohkostsalate gefunden, die mit Brokkoli, Grünkohl oder Roten Beten besonders basenreich sind.
Lecker und unterstützend für Ihre Basenernährung sind auch Sprossen, Nüsse und Samen, die Sie noch zusätzlich auf alle unsere Gerichte streuen dürfen.
Die Pseudogetreide Quinoa, Amaranth und Bulgur machen Ihre Salate zu einer sättigenden Mittags- oder Abendmahlzeit.
Einige Male verwenden wir Joghurt als Dressing. Milchprodukte sind zwar Säurebildner, da tierischen Ursprungs, jedoch in kleinen Mengen und in Bioqualität vertretbar – zumal ihr Sauerpotenzial durch die im Gemüse reichlich vorhandenen Basen mehr als neutralisiert wird.

Weißkohl-Möhren-Salat mit Sonnenblumenkernen

Für 2 Portionen (als Hauptgericht) • Pro Portion: 291 kcal, 6 g E, 21 g F, 19 g KH

2 Orangen
150 g Weißkohl oder Chinakohl
150 g Möhren
150 g Staudensellerie
Salz, Pfeffer
2 EL Olivenöl
20 g Sonnenblumenkerne

1. Eine Orange auspressen und den Saft in den Mixtopf geben. Die zweite Orange schälen, in Spalten teilen und beiseitestellen.
2. Den Weißkohl in Blätter teilen, waschen, trocken schütteln, eventuell die harte Mittelrippe entfernen und Blätter grob hacken. Die Möhren schälen, putzen und in Stücke schneiden. Sellerie, wenn nötig, dünn abschälen und ebenfalls in Stücke schneiden.
3. Salz, Pfeffer, Olivenöl und das vorbereitete Gemüse in den Mixtopf geben und 12 Sekunden/Stufe 4 mithilfe des Spatels zerkleinern. Wenn Ihnen die Stücke zu groß erscheinen, nochmals 2–3 Sekunden/Stufe 4 zerkleinern.
4. Salat auf zwei Tellern anrichten. Die Sonnenblumenkerne in einer beschichteten Pfanne ohne Fett rösten und den Salat damit bestreuen. Mit den Orangenspalten belegt servieren.

INFO: **Möhren haben einen sehr hohen Basenwert. Sie enthalten – wie andere Wurzelgemüse auch – mehr Mineralstoffe als andere Gemüsesorten. Aber abgesehen von ihrer basischen Wirkung sind sie auch sonst wichtig für Gesundheit und Schönheit. Ihr Betacarotin wird im Körper in Vitamin A verwandelt, was gut ist für die Sehkraft und gegen Hautalterung wirkt. Am meisten profitieren Sie, wenn Sie rohe Möhren knabbern oder ihren Saft trinken.**

Quinoa-Salat mit Avocado und Bohnen

Für 4 Portionen • Pro Portion: 366 kcal, 11 g E, 19 g F, 38 g KH

150 g helle Quinoa
1 Knoblauchzehe
1 EL Olivenöl
450 ml Gemüsebrühe oder Wasser
1 rote Zwiebel
1 Zitrone
2 reife, mittelgroße Avocados
1 Dose Kidneybohnen (200 g Einwaage)
1 kleine Dose Mais (140 g Einwaage)
1 EL Avocado- oder Olivenöl
½ TL gemahlener Kreuzkümmel
Salz, Pfeffer
3 Stängel Koriander oder Petersilie

1. Quinoa in ein Sieb geben, kalt abbrausen und abtropfen lassen. Den Knoblauch schälen. Knoblauch und Olivenöl in den Mixtopf geben, Messbecher aufsetzen und 3 Sekunden/Stufe 5 zerkleinern. Mit dem Spatel nach unten schieben und 3 Minuten/120 °C/Stufe 1 andünsten.
2. Quinoa dazugeben und weitere 3 Minuten/120 °C/Stufe 1,5 dünsten. Mit der Gemüsebrühe ablöschen und alles in 6–7 Minuten/100 °C/Stufe 1 zum Kochen bringen. Anschließend 15 Minuten/85 °C/Stufe 1,5 quellen lassen, bis alle Flüssigkeit aufgesogen ist.
3. In der Zwischenzeit die Zwiebel abziehen und grob hacken. Die Zitrone auspressen. Die Avocados längs teilen, den Kern entfernen, das Fruchtfleisch aus der Schale heben und in etwa 1 cm große Würfel schneiden. Mit den Zwiebeln in eine Schüssel geben und gleich mit 1 EL Zitronensaft beträufeln.

4. Kidneybohnen und Mais durch ein Sieb abgießen und zum Salat geben. Aus Avocadoöl, restlichem Zitronensaft, Kreuzkümmel, Salz und Pfeffer ein Dressing rühren. Koriander waschen, trocken schütteln und die Blätter von den Stängeln zupfen.
5. Quinoa in die Schüssel geben und alle Zutaten gut vermischen. Das Dressing unterheben und den Salat 15 Minuten (oder länger) durchziehen lassen. Mit dem Koriander bestreut servieren.

TIPP: **Zutaten wie Radieschen, Nüsse und Staudensellerie machen sich ebenfalls gut im Quinoa-Salat.**

Bulgur-Salat mit Minze

Für 4 Portionen • Pro Portion: 327 kcal, 9 g E, 13 g F, 44 g KH

4 Lauchzwiebeln
10 g Kokosöl
200 g Bulgur
400 ml Gemüsebrühe oder Wasser
2 Fleischtomaten
1 gelbe Paprikaschote
200 g Möhren
4 Stängel Minze
4 Stängel Petersilie
1 Zitrone
2 EL Olivenöl
½ TL Kreuzkümmel
Salz, Pfeffer

1. Die Lauchzwiebeln abziehen, putzen, waschen und mit viel Grün in Stücke schneiden. In den Mixtopf geben, Messbecher aufsetzen und 5 Sekunden/Stufe 5 zerkleinern. Das Kokosöl dazugeben und 3 Minuten/120 °C/Stufe 1,5 andünsten.
2. Bulgur in ein Sieb schütten und lauwarm abbrausen. Zu den Zwiebeln in den Topf geben und 3 Minuten/100 °C/Stufe 1,5 linksdrehend dünsten. Brühe oder Wasser zufügen und 15 Minuten/90 °C/Stufe 1,5 linksdrehend kochen. Bulgur in eine große Schüssel umfüllen. Der Mixtopf muss nicht gespült werden.
3. In der Zwischenzeit die Tomaten waschen, vierteln und die Stielansätze entfernen. Die Paprikaschote und Möhren waschen, putzen und grob in Stücke schneiden. Die Kräuter waschen, trocken schütteln und die Blätter von den Stängeln zupfen. Die Zitrone auspressen.
4. Das vorbereitete Gemüse und die Kräuter mit Zitronensaft, Olivenöl, Kreuzkümmel, Salz und Pfeffer in den Mixtopf geben und mithilfe des Spatels 5 Sekunden/Stufe 5 zerkleinern.
5. Gemüse mit dem Bulgur vermischen, mit Salz, Pfeffer und eventuell noch mehr Zitronensaft pikant abschmecken. Im Kühlschrank durchziehen lassen oder gleich noch lauwarm genießen.

TIPP: **Ohne Fett in einer beschichteten Pfanne geröstete Pinien- oder Sonnenblumenkerne passen gut obenauf und verbessern zusätzlich Ihren Basenhaushalt. Wer es gerne scharf mag, gibt noch 1–2 TL Harissa dazu.**

TIPP 2: **In türkischen Läden gibt es sehr feinen Bulgur (Köftelik Bulgur), den können Sie gleich in der Schüssel mit heißem Wasser übergießen und quellen lassen. Dann brauchen Sie nur noch den Gemüse-Kräuter-Mix zubereiten und untermischen.**

Brokkolisalat mit Äpfeln und Walnüssen

Für 4 Portionen • Pro Portion: 335 kcal, 10 g E, 22 g F, 25 g KH

500 g Brokkoli
1 l Wasser
Salz
3 säuerliche Äpfel
1 EL Zitronensaft
80 g Walnusskerne
150 ml Biojoghurt , 3,5 % Fett
2 EL Olivenöl
Salz, Pfeffer
40 g getrocknete Cranberries oder Rosinen

1. Den Brokkoli waschen, die Röschen in mundgerechten Stücken abschneiden und in den Varoma legen. Die Stiele schälen und grob zerschneiden.
2. 1 l Salzwasser im Mixtopf in 6 Minuten/100 °C/Rührstufe zum Kochen bringen. Die Brokkolistiele hineingeben, den Varoma aufsetzen und den Brokkoli 5 Minuten/Varoma/Rührstufe linksdrehend blanchieren bzw. dämpfen. Den Varoma abnehmen und beiseitestellen, die Stiele durch ein Sieb abgießen und abtropfen lassen.
3. Die Äpfel waschen, vierteln und die Kerngehäuse entfernen. Mit Zitronensaft beträufeln.
4. Brokkolistiele, Äpfel, die Hälfte der Walnusskerne, Joghurt, Olivenöl, Salz und Pfeffer in den Mixtopf geben und 5 Sekunden/Stufe 4 zerkleinern.
5. In eine Schüssel umfüllen, die Brokkoliröschen dazugeben und behutsam unterheben. Salat auf vier Teller verteilen und mit den restlichen Walnusskernen und Cranberries bestreut servieren.

INFO: Gerade die fettarmen Milchprodukte sind in der basenbetonten Ernährung verpönt. Sie haben eine viel stärkere Säurewirkung, als »normale« Produkte. Joghurt in Bioqualität kann in Kombination mit Gemüse gegessen werden. Wenn Sie gaaaanz streng sein wollen, können Sie den Joghurt weglassen oder durch etwas Mandel- oder Kokos-Cuisine ersetzen.

Brokkoli-Quinoa-Salat mit Süßkartoffeln

Für 4 Portionen • Pro Portion: 317 kcal, 10 g E, 12 g F, 40 g KH

150 g bunte Quinoa
450 ml Gemüsebrühe
400 g Brokkoli
200 g Süßkartoffeln
200 g Cocktailtomaten
4 Zweige Thymian
1 Zitrone
2 EL Olivenöl
Salz, Pfeffer

1. Quinoa in ein Sieb geben, kalt abbrausen und abtropfen lassen. Mit der Gemüsebrühe in den Mixtopf geben.
2. Brokkoli waschen und die Röschen in mundgerechten Stücken von den Stielen schneiden. In den Varoma legen. Die Stiele schälen, in 1 cm große Würfel schneiden und in das Garkörbchen geben.
3. Die Süßkartoffeln schälen, waschen und in 1 ½ cm große Würfel schneiden. Zu den Brokkoliwürfeln in das Garkörbchen legen.
4. Garkörbchen einhängen, Varoma aufsetzen und das Ganze 20 Minuten/100 °C/Stufe 1,5 linksdrehend garen.
5. In der Zwischenzeit die Tomaten waschen und vierteln. Thymian waschen, trocken schütteln und die Blättchen gegen die Wuchsrichtung von den Stängeln streifen.
6. Die Zitrone auspressen. Aus Zitronensaft, Olivenöl, Thymianblättchen, Salz und Pfeffer mit dem Schneebesen ein cremiges Dressing rühren.
7. Varoma abnehmen, Garkörbchen herausnehmen und beiseitestellen. Quinoa in eine Schüssel geben und mit dem Dressing vermischen. Die übrigen Zutaten unterheben und den Salat noch etwas durchziehen lassen. Lauwarm oder kalt servieren.

TIPP: Noch basischer wirkt Quinoa, wenn Sie die Powerkörnchen zuvor keimen lassen. Das geht bei Quinoa ganz schnell: Schon nach 1–2 Tagen sehen Sie die ersten Keimlinge und können Sie für den Salat verwenden. Eine Keimanleitung finden Sie im Internet oder in Ihrem Reformhaus.

Grünkohl mit Orangen und Senfdressing

Für 4 Portionen • Pro Portion: 254 kcal, 7 g E, 18 g F, 15 g KH

2–3 Knoblauchzehen
½ Zitrone
3 EL Sesamöl
2 EL scharfer Biosenf
Salz, Pfeffer
Chilipulver nach Belieben
300 g Grünkohl
100 g Rosenkohl
2 Orangen
1 Granatapfel
30 g Walnüsse

1. Knoblauchzehen schälen. Zitrone auspressen. Beides zusammen mit 2 EL Öl, Senf und Gewürzen in den Mixtopf geben, Messbecher aufsetzen und 6 Sekunden/Stufe 6 vermischen. In eine größere Schüssel umfüllen. Mixtopf nicht spülen.
2. Den Grünkohl waschen und die Blätter in mundgerechten Stücken von der harten Mittelrippe zupfen. Mit dem restlichen Öl in den Mixtopf geben und 1,5 Minuten/Stufe 3 linksdrehend rühren – so wird der Kohl geschmeidig. Zum Dressing in die Schüssel geben und gut vermischen. Mixtopf nicht spülen.
3. Rosenkohl waschen und putzen. In den Mixtopf geben, Messbecher aufsetzen und 3 Sekunden/Stufe 5 zerkleinern. Mit dem Grünkohl vermischen.
4. Die Orangen so schälen, dass auch die weiße Haut entfernt wird. Die Filets aus den Trennhäutchen lösen. Die Kerne aus dem Granatapfel lösen. (Alternativ gibt es fertig ausgelöste Kerne im Kühlregal.)

5. Die Walnüsse grob hacken und in einer beschichteten Pfanne ohne Fett rösten.
6. Den Salat auf vier Teller verteilen, die Orangenspalten obenauf geben und Salat mit Granatapfelkernen und Walnüssen bestreut servieren.

INFO: **Zitrusfrüchte haben von allen Obstsorten die stärkste basische Wirkung – auch wenn sie sauer schmecken.**

Rotkohlsalat mit Möhren und Rosinen

Für 4 Portionen • Pro Portion: 187 kcal, 3 g E, 11 g F, 19 g KH

1 Orange
50 g Rosinen
500 g Rotkohl
200 g Möhren
4 Stängel glatte Petersilie
3 EL Nuss- oder Avocadoöl
2 EL Apfelessig
½ TL gemahlener Zimt
Salz, Pfeffer

1. Die Orange auspressen. Die Rosinen im Orangensaft 15–20 Minuten einweichen.
2. Den Rotkohl in Blätter teilen und die harten Mittelrippen entfernen. Blätter waschen, trocken schütteln und grob hacken. Die Möhren schälen, putzen und grob in Stücke schneiden. Die Petersilie waschen, trocken schütteln und die Blätter von den Stängeln zupfen.
3. Rotkohl und Möhren in den Mixtopf geben und mithilfe des Spatels 5 Sekunden/Stufe 5 zerkleinern.
4. Rosinen mit Orangensaft, Petersilie, Öl, Essig, Zimt, Salz und Pfeffer dazugeben und 5 Sekunden/Stufe 3 untermischen. Salat nochmals mit Salz und Pfeffer abschmecken und auf vier Teller verteilen.

INFO: Die Farbe des Rotkohls oder Blaukrauts hängt vom pH-Wert des Bodens ab, auf dem er wächst. Auf basischen Böden wird er eher blau, auf sauren Böden rot. Röter oder eher blau werden kann er auch bei der Zubereitung: Säuren wie Essig oder Apfel färben rot, Zutaten wie Natron oder Zucker verändern ins Bläuliche. Das mag interessant sein, hat aber nichts damit zu tun, dass Rotkohl stark basenbildend auf Ihren Körper wirkt. Magnesium, Kalium und Selen sind in erster Linie dafür verantwortlich. Dann noch sein hoher Gehalt an sekundären Pflanzenstoffen, die entzündungshemmend wirken und das Immunsystem stärken. Als klassischer Begleiter zu Wildgerichten neutralisiert er deren Säurewirkung – insbesondere, wenn auch noch Maronen mit im Spiel sind.

Amaranth-Salat mit Gurken und Paprika

Für 4 Portionen • Pro Portion: 291 kcal, 9 g E, 14 g F, 32 g KH

2–3 Knoblauchzehen
8 Stängel glatte Petersilie oder frische Minze
2 EL Olivenöl
1 Zitrone
500 g Salatgurke
2 rote Paprikaschoten
150 g Amaranth
450 ml Gemüsebrühe
Salz, Pfeffer
2 EL Schnittlauch in Röllchen

1. Die Knoblauchzehen schälen. Die Petersilie waschen, trocken schütteln und die Blätter von den Stängeln zupfen.
2. Die Hälfte der Petersilienblätter, die Knoblauchzehen und das Öl in den Mixtopf geben, Messbecher aufsetzen und 5 Sekunden/Stufe 5 zerkleinern. Mit dem Spatel nach unten schieben und 3 Minuten/120 °C/Stufe 1,5 andünsten.
3. Die Zitrone auspressen und den Saft in den Mixtopf geben. Die Salatgurke schälen und grob zerschneiden. Die Paprikaschoten waschen, putzen und ebenfalls grob zerschneiden. Beides in den Mixtopf geben, Messbecher aufsetzen und 4 Sekunden/Stufe 5 zerkleinern. Gemüse in eine große Schüssel umfüllen. Mixtopf nicht spülen.
4. Amaranth in ein Sieb geben und heiß abbrausen. Gut abtropfen lassen.
5. Zusammen mit der Brühe in den Mixtopf geben und in 6–7 Minuten/100 °C/Stufe 1 zugedeckt zum Kochen bringen. Anschließend 20–25 Minuten/80 °C/Stufe 1 zugedeckt köcheln lassen, bis nahezu alle Flüssigkeit aufgesogen ist. 10 Minuten offen ausdampfen lassen.

6. Den Amaranth zum vorbereiteten Salat in die Schüssel geben und mit Salz und Pfeffer und eventuell mehr Zitronensaft abschmecken.
7. Salat auf vier Teller verteilen und mit Schnittlauch und der restlichen Petersilie bestreut servieren.

Rote-Bete-Salat mit Weißkohl und Möhren

Für 4 Portionen • Pro Portion: 159 kcal, 2 g E, 12 g F, 11 g KH

300 g Rote Bete
150 g Möhren
150 g Weißkohl
1 kleine rote Zwiebel
1–2 Knoblauchzehen
3 Stängel Dill
1 TL Kümmel
3 EL Sesamöl
2 EL Weißweinessig
Salz, Pfeffer

1. Die Roten Beten putzen, dünn mit einem Sparschäler schälen und vierteln (Einmalhandschuhe verwenden, sonst haben Sie lange Zeit rote Hände). Möhren putzen, schälen und grob zerschneiden. Weißkohl waschen, grob hacken.
2. Die Zwiebel abziehen und vierteln. Die Knoblauchzehen schälen. Den Dill waschen, trocken schütteln und die Blätter von den Stängeln zupfen. Einige Blätter zum Garnieren beiseitelegen.
3. Zwiebel, Knoblauch, Dill und Kümmel in den Mixtopf geben und 5 Sekunden/Stufe 5 zerkleinern. Mit dem Spatel nach unten schieben, alle übrigen Zutaten dazugeben und mithilfe des Spatels 2–3 Sekunden/Stufe 5 zerkleinern.
4. Salat nochmals mit Salz und Pfeffer abschmecken und eventuell mehr Essig dazugeben. Auf vier Teller verteilen und mit dem restlichen Dill bestreut servieren.

TIPP: **Ein exotisches Aroma bekommt der Salat, wenn Sie zur Abwechslung mal 1 Stängel Zitronengras dazugeben. Dazu die äußeren Blätter vom Zitronengras entfernen und nur das weiche, weiße Innere verwenden. Zusammen mit Zwiebel und Knoblauch zerkleinern.**

Linsensalat mit Ananas und Avocado

Für 4 Portionen • Pro Portion: 353 kcal, 14 g E, 17 g F, 35 g KH

500 ml Gemüsebrühe
200 g Berg- oder Puy-Linsen
1 Lorbeerblatt
2 Stängel Estragon oder Thymian
200 g frische Ananas
1 reife Avocado
1 Chilischote nach Belieben
2–3 EL weißer Balsamessig
2 EL Olivenöl
Salz, Pfeffer

1. Die Gemüsebrühe in den Mixtopf geben und in 6 Minuten/100 °C zum Kochen bringen.
2. Die Linsen in ein Sieb schütten und mit kaltem Wasser abbrausen. In die heiße Gemüsebrühe geben, das Lorbeerblatt und den Estragon dazugeben und (je nach Packungsanleitung) in etwa 30–35 Minuten/85 °C/Stufe 1,5 linksdrehend bissfest kochen.
3. In der Zwischenzeit das Stück Ananas (gibt es fix und fertig geschält im Supermarkt) klein schneiden. Die Avocado halbieren, den Kern entfernen, das Fruchtfleisch mit einem Löffel aus der Schale heben und würfeln. Die Chilischote waschen, putzen, die Kerne entfernen und die Schote in dünne Ringe schneiden.
4. Die Linsen – wenn noch viel Kochflüssigkeit übrig ist – eventuell durch ein Sieb abgießen, Lorbeerblatt und Estragonstängel entfernen. Linsen wieder in den Mixtopf füllen, die vorbereiteten Zutaten sowie Essig und Öl dazugeben und 5 Sekunden/Stufe 4 linksdrehend vermischen.
5. Salat mit Salz und Pfeffer abschmecken und gleich warm essen oder abkühlen lassen.

Sprossensalat mit Avocado-Mousseline

Für 4 Portionen • Pro Portion: 119 kcal, 5 g E, 8 g F, 6 g KH

200 g gemischte Sprossen nach Belieben (z. B. Alfafa, Mungo, Radieschen)
50 g Beeren nach Belieben (Johannisbeeren, Heidelbeeren, Himbeeren)
1 reife Avocado
1 Knoblauchzehe
½ Zitrone
150 g Biojoghurt, 3,5 % Fett
50 ml ungesüßter Mandeldrink
Salz, Cayennepfeffer
1–2 TL scharfer Biosenf nach Belieben

1. Die Sprossen – wenn nötig – waschen und gut abtropfen lassen. Die Beeren waschen, putzen und verlesen.
2. Die Avocado halbieren, den Kern entfernen und das Fruchtfleisch mit einem Löffel aus der Schale heben. Die Knoblauchzehe schälen. Die Zitrone auspressen.
3. Avocado, Knoblauch, Zitronensaft, Joghurt und Mandeldrink in den Mixtopf geben und 10 Sekunden/Stufe 5 fein pürieren.
4. Avocadocreme mit Salz, Cayennepfeffer und nach Belieben scharfem Senf abschmecken. Eventuell mit etwas mehr Mandeldrink verdünnen.
5. Sprossen auf Tellern verteilen, Avocadocreme und Beeren daraufgeben. Salat sofort servieren, denn Avocado reagiert mit dem Sauerstoff in der Luft und verfärbt sich schnell.

INFO: **Sprossen und Keimlinge sind unverzichtbar in der basischen Ernährung. Keimlinge sind die ersten winzigen Triebe, die schon nach 1–2 Tagen aus den Samen hervorlugen. Manche, wie zum Beispiel Mungobohnen oder Getreidekeimlinge, können jetzt schon gegessen werden.**

Wenn nach 3–5 Tagen Stängel und kleine Blättchen entstanden sind, spricht man von Sprossen. Wenn diese weiter wachsen und auch Wurzeln ausbilden, heißt es Grünkraut – das bekannteste ist wohl die Gartenkresse, die Sie überall bekommen. In allen drei Stadien erhalten Sie eine Extraportion gesunder Inhaltsstoffe, da für den Keimprozess zusätzliche Energien in Form von Enzymen, Aminosäuren, Vitaminen und Spurenelemente in den Samen gebildet werden.

Das Keimen verwandelt Säurebildner wie Getreide und Hülsenfrüchte in basenbildende Nahrungsmittel. Gute und keimfähige Samen bekommen Sie in Bioläden und Reformhäusern. Dort gibt es auch Keimgeschirr, wenn Sie auf den Geschmack gekommen sind und in größerem Stil »anbauen« wollen.

INFO: Linsen, wie andere Hülsenfrüchte auch, zählen zu den »guten« Säurebildnern. Sie enthalten einige Mineralstoffe wie Kalium, Kalzium, Zink, Kupfer und besonders viel Eisen. Daneben auch 24 Prozent hochwertiges Eiweiß, wodurch sie aber oft nicht als basisch eingestuft werden. Durch sehr basisch wirksame Lebensmittel kann das allerdings neutralisiert werden, wie in diesem Rezept mit Ananas und Avocado.

Zum reinen Basenbildner werden Linsen, wenn Sie sie ein wenig keimen lassen. (Funktioniert nicht mit den geschälten roten und gelben Sorten.) Anleitung und Ausrüstung dafür gibt es im Reformhaus oder Internet.

Gefüllte Paprika mit Taboulé

Für 4 Portionen • Pro Portion: 324 kcal, 9 g E, 11 g F, 47 g KH

200 g Goldhirse- oder Gersten-Couscous
2 Zitronen
2 EL Olivenöl
4 Stängel frische Minze
8 Stängel glatte Petersilie
2 weiße Zwiebeln
1 Salatgurke
1 Fleischtomate
Salz, Pfeffer
2 rote Paprikaschoten

1. Couscous in ein Sieb geben, kalt abbrausen und in eine geräumige Schüssel füllen. Die Zitronen auspressen – es sollten ca. 100 ml Saft sein. Zitronensaft und Olivenöl gut mit dem Couscous vermischen.
2. Die Kräuter waschen und gut trocken schütteln. Von vier Stängeln Petersilie die Blätter abzupfen, hacken und zum Garnieren beiseitelegen. Von den restlichen Kräutern ebenfalls die Blätter von den Stängeln abzupfen. Die Zwiebeln abziehen und vierteln. Kräuter und Zwiebeln in den Mixtopf geben, Messbecher aufsetzen und 4 Sekunden/Stufe 5 zerkleinern. Mit dem Spatel nach unten schieben und eventuell den Vorgang wiederholen. In die Schüssel zum Couscous geben und gut vermischen.
3. Die Gurke schälen, längs halbieren, die Kerne mit einem Löffel herauskratzen und das Fruchtfleisch grob in Stücke schneiden. Die Tomate waschen, vierteln, die Stielansätze herausschneiden und die Kerne entfernen.
4. Gurke und Tomate im Mixtopf (Messbecher!) 3 Sekunden/Stufe 5 zerkleinern. Zum Couscous geben und alles gut vermischen.
5. Taboulé mit Salz und Pfeffer abschmecken und 5–6 Stunden im Kühlschrank durchziehen lassen. Währenddessen einige Male umrühren.
6. Vor dem Servieren die Paprikaschoten waschen, halbieren und putzen. Die Paprikahälften mit dem Taboulé füllen und mit Petersilie bestreut servieren.

INFO: Couscous wird gern in der orientalischen Küche verwendet. Es wird meist aus Hartweizengries, Gerste oder Hirse hergestellt. Um Ihre Ernährung im basischen Bereich zu halten, achten Sie darauf, woraus Ihr Couscous besteht. Die kleinen Couscous-Körnchen werden normalerweise mit heißem Wasser übergossen oder gedämpft und ziehen dann 15–20 Minuten. Bei diesem Rezept saugen sie sich mit dem Saft der Zitronen und der Tomate voll – wodurch ein intensives und erfrischendes Aroma entsteht.

Möhrensalat mit Quinoa und Bulgur

Für 4 Portionen • Pro Portion: 327 kcal, 7 g E, 15 g F, 39 g KH

40 g Rosinen
75 g helle oder rote Quinoa
75 g Bulgur (aus Hirse oder Gerste)
1 l Wasser
300 g Möhren
1 kleine weiße Zwiebel
5 Stängel glatte Petersilie
2 Zitronen
2 EL Olivenöl
40 g ungeschälte Haselnüsse
Salz, Pfeffer

1. Die Rosinen in lauwarmem Wasser einweichen. Quinoa und Bulgur in ein Sieb geben und kalt abbrausen.
2. Wasser mit Quinoa und Bulgur in den Mixtopf geben und in 6 Minuten/100 °C/ Rührstufe zum Kochen bringen. Anschließend 10 Minuten ziehen lassen und Quinoa und Bulgur dann durch ein Sieb abgießen.
3. Möhren schälen, putzen und grob in Stücke schneiden. Die Zwiebel abziehen und vierteln. Die Petersilie waschen, trocken schütteln und die Blätter von den Stängeln zupfen. Die Zitronen auspressen. Die Rosinen abgießen.
4. Zwiebeln, Petersilie, Zitronensaft und Olivenöl in den Mixtopf geben und 4 Sekunden/Stufe 5 zerkleinern. Mit dem Spatel nach unten schieben, Möhren und Haselnüsse dazugeben und 3 Sekunden/Stufe 4 zerkleinern.
5. Quinoa, Bulgur und die Rosinen 4 Sekunden/Stufe 3 linksdrehend einrühren. Den Salat mit Salz und Pfeffer abschmecken und nach Belieben noch lauwarm servieren.

TIPP: **Statt der Rosinen können Sie den Salat auch mit getrockneten Tomaten anreichern. Wenn Sie dafür die in Öl eingelegten Tomaten nehmen, sollten Sie das Olivenöl entsprechend reduzieren.**

Basensuppen

Dass Ihr Thermomix® das ideale Gerät ist, um leckere Suppen zu kochen, müssen wir Ihnen wohl nicht erzählen. Gleich am Anfang dieses Kapitels stellen wir Ihnen eine basische Gemüsepaste und ein basisches Gemüsebrühepulver vor. Beide können Sie auf Vorrat zubereiten und immer dort verwenden, wo Gemüsebrühe gefragt ist. So können Sie sicher sein, dass keine Geschmacksverstärker und sonstigen Zusatzstoffe Ihre Basentage stören. Für die Suppenrezepte haben wir all diejenigen Gemüse verarbeitet, die als besonders basisch gelten.

Basisches Gemüsebrühepulver

Für ca. 60 Portionen • Pro Portion (1 EL): 8 kcal, 0 g E, 0 g F, 1 g KH

500 g Möhren
300 g Lauch
200 g Knollensellerie
200 g Zwiebeln
2–3 Knoblauchzehen, nach Belieben auch mehr
100 g glatte Petersilie
50 g frischer Liebstöckel (»Maggi-kraut«)
400 g Meersalz

1. Backofen auf 80 °C Ober-/Unterhitze (Umluft 60 °C) vorheizen.
2. Gemüse putzen, schälen, waschen und grob in Stücke schneiden. Die Kräuter waschen, trocken schütteln und die Blätter von den Stängeln zupfen.
3. Gemüse und Kräuter in zwei Portionen in den Mixtopf geben und jeweils 10 Sekunden/Stufe 8 zerkleinern. Die Masse mit Meersalz vermischen und auf zwei bis drei mit Backpapier ausgelegte Bleche streichen. Ca. 7–8 Stunden im Backofen bei angelehnter Tür (Kochlöffel in die Ofentür klemmen) trocknen.
4. Die getrocknete Paste in den Mixtopf geben, zwischen Deckel und Messbecher ein Küchenpapier klemmen (es staubt!) und 30 Sekunden/Stufe 10 pulverisieren.
5. Pulver in drei saubere und trockene Schraubgläser à ca. 200 ml füllen und gut verschließen. Es hält dann ein halbes Jahr.

TIPP: **Mit der getrockneten Paste können auch noch etwa 50 g getrocknete Pilze oder 1–2 EL Thymian, Majoran oder Oregano gemahlen werden. Wer es scharf liebt, nimmt Chiliflocken oder rosenscharfes Paprikapulver.**

Basische Gemüsepaste für Brühe

Für 3 Gläser (à ca. 200 ml) oder circa 60 Portionen • Pro Portion (1 EL): 18 kcal, 0 g E, 1 g F, 2 g KH

100 g Erdmandeln
200 g Brokkoli
250 g Möhren
100 g Zwiebeln
200 g Tomaten
150 g Grünkohl
1 Knoblauchzehe
1 Stück Ingwer (haselnussgroß)
50 g braune Champignons
15 g frische Kräuter (z. B. Petersilie, Thymian und Oregano)
100 g grobes Meersalz
2 TL Kurkuma
½–1 TL schwarzer Pfeffer
2 EL Olivenöl
50 ml Wasser

1. Die Erdmandeln in den Mixtopf geben, Messbecher aufsetzen und 30 Sekunden/Stufe 10 zu Mehl mahlen. In eine kleine Schüssel umfüllen.
2. Das Gemüse waschen, putzen und grob zerschneiden. Knoblauchzehe und Ingwer schälen. Champignons mit Küchenkrepp abreiben und halbieren. Die Kräuter waschen, trocken schütteln und die Blätter von den Stängeln zupfen.
3. Brokkoli, Möhren, Zwiebel, Knoblauch und Ingwer in den Mixtopf geben, Messbecher aufsetzen und 5 Sekunden/Stufe 5 zerkleinern. In eine Schüssel umfüllen.
4. Grünkohl, Champignons, Tomaten und Kräuter in den Mixtopf geben, Messbecher aufsetzen und mithilfe des Spatels 5 Sekunden/Stufe 5 zerkleinern. Mit dem Spatel nach unten schieben und das übrige Gemüse dazugeben.
5. Salz, Kurkuma, Pfeffer, Olivenöl und Wasser dazugeben, den Gareinsatz als Spritzschutz auf den Deckel stellen und alles 30 Minuten/120 °C/Stufe 2 kochen. Mit dem Spatel nach unten schieben.
6. Das Erdmandelmehl dazugeben, Messbecher aufsetzen und 25 Sekunden/Stufe 8–10 ansteigend zu einer cremigen Paste pürieren. Paste in zwei gut verschließbare, vorbereitete Schraubgläser (à 200 ml) füllen, abkühlen lassen und im Kühlschrank aufbewahren.

INFO: **Die Paste hält sich bis zu drei Monate im Kühlschrank. Für eine Brühe nehmen Sie jeweils 1 gehäuften EL für ½ l Wasser. Sie können die Paste überall dort verwenden, wo Gemüsebrühe zum Einsatz kommt, können aber auch Saucen damit verfeinern.**

TIPP: **Je nach Saison und Laune können Sie auch andere Gemüsesorten für die Paste verwenden. Es sollte immer ca. 1 kg Gemüse sein. Harte und blättrige Gemüsesorten am besten getrennt zerkleinern. Für mehr Pilzaroma können Sie zusätzlich 15 g getrocknete Steinpilze etwa 20 Minuten in 50 ml lauwarmem Wasser einweichen und bei Punkt 5 in den Mixtopf geben.**

Klare Gemüsebrühe mit Pilzen

Für 4 Portionen • Pro Portion: 56 kcal, 5 g E, 0 g F, 8 g KH

300 g Möhren
200 g Knollensellerie
1 weiße Zwiebel
300 g braune Champignons
800 ml Wasser (nach Belieben auch Gemüsebrühe)
4 Stängel glatte Petersilie
Salz, Pfeffer

1. Möhren und Sellerie schälen, putzen und in Stücke schneiden. Die Zwiebel abziehen und vierteln.
2. Die Champignons mit Küchenkrepp behutsam abreiben und putzen. Vier Champignons in Scheiben schneiden und in den Varoma legen.
3. Möhren, Sellerie und Zwiebel in den Mixtopf geben und 3 Sekunden/Stufe 5 zerkleinern. Die ganzen Champignons dazugeben und weitere 2 Sekunden/Stufe 4 zerkleinern.
4. Das Wasser angießen, den Varoma aufsetzen und das Ganze 12 Minuten/Varoma/Rührstufe weich kochen.
5. In der Zwischenzeit die Petersilie waschen, trocken schütteln und die Blätter von den Stängeln zupfen.
6. Die Suppe mit Salz und Pfeffer abschmecken, auf vier Teller verteilen, die Champignonscheiben obenauf geben und mit der Petersilie bestreut servieren.

INFO: **Nicht nur mit Champignons, auch mit anderen Pilzen wie Kräuterseitlingen, Pfifferlingen oder Steinpilzen können Sie ganz schnell leckere basische Gerichte zaubern. Magnesium, Kalzium und andere Mineralstoffe sorgen für viel basische Wirkung, Spurenelemente wie Mangan, Zink und Selen halten Entzündungen fern. Pilze weisen sogar Vitamin D auf, das wir sonst nur mit fetten Tiefseefischen in unserer Nahrung bekommen.**

Rote-Bete-Gemüse-Suppe

Für 4 Portionen • Pro Portion: 83 kcal, 3 g E, 4 g F, 9 g KH

200 g Rote Bete
100 g Möhren
100 g Lauch
50 g Knollensellerie
100 g Weißkohl
1–2 Knoblauchzehen
800 ml Gemüsebrühe
1 TL Kümmel
1 Stängel glatte Petersilie
Salz, Pfeffer aus der Mühle

1. Die Roten Beten mit einem Sparschäler dünn abschälen (Einmalhandschuhe verwenden, da sie rot färben) und grob zerschneiden. Möhren schälen, putzen und zerschneiden. Den Lauch putzen, längs aufschlitzen, auffächern und gründlich waschen. Grob in Ringe schneiden. Das Stücke Knollensellerie schälen und waschen. Die Weißkohlblätter waschen, trocken schütteln und zerteilen. Den Knoblauch schälen.
2. Gemüse in den Mixtopf geben und mithilfe des Spatels 9 Sekunden/Stufe 5 zerkleinern. Gemüsebrühe und Kümmel dazugeben und Gemüse in 20 Minuten/100 °C/Stufe 2 weich kochen.
3. Die Petersilie waschen, trocken schütteln und die Blätter vom Stängel zupfen. Die Suppe 45 Sekunden/Stufe 5–7 ansteigend fein pürieren, mit Salz und Pfeffer aus der Mühle abschmecken und mit Petersilienblättern bestreut servieren.

Möhren-Orangen-Suppe

Für 4 Portionen • Pro Portion: 117 kcal, 3 g E, 6 g F, 12 g KH

1 Stück Ingwer (walnussgroß)
1 kleine Zwiebel
1 EL Rapsöl
500 g Möhren
750 ml Gemüsebrühe
1 Orange
20 g Kürbiskerne
Salz, Pfeffer aus der Mühle

1. Die Zwiebel abziehen und vierteln. Den Ingwer schälen und grob zerschneiden. Beides mit dem Öl in den Mixtopf geben, Messbecher aufsetzen und 5 Sekunden/Stufe 5 zerkleinern. Mit dem Spatel nach unten schieben und 3 Minuten/120 °C/Stufe 1,5 andünsten.
2. Die Möhren schälen, putzen und grob zerschneiden. In den Mixtopf geben und zugedeckt 5 Sekunden/Stufe 5–6 ansteigend zerkleinern. Die Brühe dazugeben und die Möhren in 20 Minuten/100 °C/Stufe 2 weich kochen.
3. Die Orange auspressen. Die Kürbiskerne in einer beschichteten Pfanne ohne Fett rösten.
4. Die Suppe 35 Sekunden/Stufe 7 cremig pürieren. Den Orangensaft mit dem Spatel einrühren und die Suppe mit Salz und Pfeffer abschmecken.
5. Suppe auf vier Teller verteilen und mit Kürbiskernen und Pfeffer bestreut servieren.

Spinat-Rucola-Suppe

Für 4 Portionen • Pro Portion: 137 kcal, 4 g E, 11 g F, 4 g KH

400 g Blattspinat
150 g Rucola
2 Knoblauchzehen
1 Zwiebel
2 EL Rapsöl
800 ml Gemüsebrühe
je 1 gestrichener TL gemahlener Koriander und Kreuzkümmel
Salz, Pfeffer aus der Mühle

1. Blattspinat und Rucola waschen und verlesen. Einige Spinatblätter zum Garnieren beiseitelegen. Die Knoblauchzehen schälen. Die Zwiebel abziehen und vierteln.
2. Knoblauch und Zwiebel mit dem Rapsöl in den Mixtopf geben, Messbecher aufsetzen und 5 Sekunden/Stufe 5 zerkleinern. Mit dem Spatel nach unten schieben und 3 Minuten/120 °C/Stufe 1,5 andünsten.
3. Spinat und Rucola dazugeben und – am besten in zwei bis drei Portionen – mithilfe des Spatels jeweils 3 Sekunden/Stufe 4 zerkleinern.
4. Die Brühe, Koriander und Kreuzkümmel in den Mixtopf geben und das Ganze 12 Minuten/100 °C/Stufe 1 weich kochen. Anschließend die Suppe 30 Sekunden/Stufe 5 fein pürieren und mit Salz und Pfeffer abschmecken.
5. Suppe auf vier Teller verteilen, Spinatblätter obenauf geben und mit Pfeffer aus der Mühle bestreut servieren.

INFO: **Rucola ist der Superheld unter den ohnehin basischen Salaten. Die Senföle, die auch für die leicht bittere Note verantwortlich sind, sind ein wichtiger Bestandteil in der Heilkunde. Daneben gibt es noch reichlich Folsäure für Herz und Kreislauf und vorbeugend gegen Demenz. Rucola ist recht vielseitig und braucht sich nicht nur im Salat zu verstecken. Suppe, Pizza- oder Flammkuchen-Belag, Smoothie oder Risotto – die gezackten Blätter dürfen in der Basenkost nicht fehlen.**

Möhren-Kohlrabi-Suppe mit Buchweizen

Für 4 Portionen • Pro Portion: 294 kcal, 9 g E, 12 g F, 37 g KH

150 g Buchweizen
1 Zwiebel
10 g Kokosöl
200 g Möhren
400 g Kohlrabi
800 ml Gemüsebrühe
8 Cocktailtomaten
20 g Rucola
50 g Frischkäse
Salz, Pfeffer
etwas Zitronensaft
1 EL Sesamsaat

1. Buchweizen in ein Sieb geben und unter fließendem heißem Wasser abspülen. Gut abtropfen lassen.
2. Die Zwiebel abziehen und vierteln. In den Mixtopf geben, Messbecher aufsetzen und 5 Sekunden/Stufe 5 zerkleinern. Das Kokosöl dazugeben und Zwiebel 4 Minuten/120 °C/Stufe 1,5 andünsten.
3. Möhren und Kohlrabi schälen, putzen und grob zerschneiden. Zusammen mit dem Buchweizen in den Mixtopf geben und 4 Sekunden/Stufe 5 zerkleinern. Die Brühe angießen und Gemüse in 25 Minuten/100 °C/Stufe 2 zugedeckt weich kochen.
4. In der Zwischenzeit die Tomaten waschen und halbieren. Rucola waschen, verlesen und trocken schütteln.
5. Frischkäse zur Suppe geben und diese 40 Sekunden/Stufe 7 pürieren. Mit Salz, Pfeffer und Zitronensaft abschmecken.
6. Suppe auf vier Teller verteilen, mit Tomaten und Rucola garnieren und mit Sesamsaat bestreut servieren.

TIPP: Statt der Kohlrabiknolle kann auch mal eine Fenchelknolle zum Einsatz kommen.

INFO: Die Suppe wird, wenn Sie einen Teil davon aufbewahren, immer dicker, da der Buchweizen noch nachquillt, was er normalerweise in Ihrem Magen macht. Dann einfach mit Wasser oder Brühe verdünnen.

Sauerkrautsuppe mit Hirse

Für 4 Portionen • Pro Portion: 180 kcal, 6 g E, 5 g F, 26 g KH

100 g Hirse
1 Zwiebel
150 g Möhren
1 EL Rapsöl
800 ml Brühe
300 g Sauerkraut frisch vom Markt
½ TL Kümmel
Salz, Pfeffer
2 EL Schnittlauch in Röllchen

1. Die Hirse in ein Sieb geben, kalt abbrausen und gut abtropfen lassen.
2. Die Zwiebel abziehen und vierteln. Die Möhren schälen, putzen und in Stücke schneiden.
3. Zwiebel und Möhren in den Mixtopf geben, den Messbecher aufsetzen und 4 Sekunden/Stufe 5 zerkleinern. Das Öl dazugeben und Gemüse 4 Minuten/100 °C/Stufe 1,5 andünsten.
4. Hirse und Brühe dazugeben und zugedeckt 10 Minuten/100 °C/Stufe 0,5 garen.
5. Das Sauerkraut mit einer Gabel zerpflücken und zusammen mit dem Kümmel in den Mixtopf geben. Weitere 10 Minuten/85 °C/Stufe 0,5 linksdrehend bei milder Hitze garen.
6. Suppe mit Salz und Pfeffer abschmecken, auf vier Teller verteilen und mit Schnittlauch bestreut servieren.

INFO: **Sauerkraut mit seiner probiotischen Wirkung ist seit Jahrhunderten ein Superkraftstoff für Gesundheit und Energie. Damit Sie wirklich die volle Kraft des Krauts abbekommen, sollten Sie auf pasteurisiertes Sauerkraut – wie es in Dosen und Beuteln angeboten wird – verzichten. In Hof- und Bioläden, manchmal auch auf dem Wochenmarkt bekommen Sie frisches, naturbelassenes Sauerkraut. Wenn Sie dieses als Salat (mit etwas Leinöl zum Beispiel) mit Äpfeln und Nüssen vermischt essen, bekommt Ihre Entsäuerung den richtigen Kick!**

Grünkohlsuppe mit Minze und Mandeln

Für 4 Portionen • Pro Portion: 235 kcal, 8 g E, 19 g F, 8 g KH

400 g Grünkohl (frisch oder tiefgekühlt)
1 große Zwiebel
2 EL Rapsöl
800 ml Gemüsebrühe
50 g Mandelblättchen
2 Stängel frische Minze
1 Orange
1–2 EL scharfer Biosenf
Salz, Pfeffer

1. Tiefgekühlten Grünkohl auftauen lassen. Frischen Grünkohl in Blätter teilen, unter fließendem Wasser gründlich waschen (in den krausen Blättern ist oft noch Sand versteckt), die harten Mittelachsen herausschneiden und die Blätter grob zerschneiden.
2. Die Zwiebel abziehen und vierteln. Zusammen mit dem Öl in den Mixtopf geben, Messbecher aufsetzen und 5 Sekunden/Stufe 5 zerkleinern. Zwiebel mit dem Spatel nach unten schieben und 3 Minuten/120 °C/Stufe 1 andünsten. Frischen Grünkohl dazugeben und weitere 3 Minuten/120 °C/Stufe 2 andünsten.
3. Die Gemüsebrühe angießen und Suppe 16 Minuten/Stufe 2 kochen, bis der Grünkohl weich ist.
4. In der Zwischenzeit die Mandelblättchen in einer beschichteten Pfanne ohne Fett goldgelb rösten. Die Minze waschen, trocken schütteln und die Blätter von den Stängeln zupfen. Die Orange auspressen.
5. Minzeblätter und Orangensaft zur Suppe geben, Messbecher aufsetzen und Suppe 45 Sekunden/Stufe 8 fein pürieren.
6. Suppe mit Senf, Salz und Pfeffer abschmecken, nochmals 10 Sekunden/Stufe 3 (Messbecher!) durchrühren. Auf vier Teller verteilen und mit den Mandelblättchen bestreut servieren.

TIPP: Grünkohl ist recht herb im Geschmack und nicht jedermanns Sache. Der Orangensaft mildert das schon etwas ab. Wenn Sie den Geschmack noch weiter abrunden wollen: 100 ml Mandel-Cuisine oder 50 g Frischkäse 10 Sekunden/Stufe 3 unterrühren.

Erdmandelsuppe mit grünem Spargel

Für 4 Portionen • Pro Portion: 161 kcal, 4 g E, 9 g F, 16 g KH

75 g ganze Erdmandeln (Bioladen oder Reformhaus)
500 g grüner Spargel
1 kleine Zwiebel
15 g Kokosöl
750 ml Gemüsebrühe oder Wasser
½ Limette
Salz, Pfeffer

1. Die Erdmandeln in den Mixtopf geben und 30 Sekunden/Stufe 10 mahlen. In eine kleine Schüssel umfüllen. Den Mixtopf nicht spülen.
2. Den Spargel waschen, das untere Drittel mit einem Sparschäler schälen, holzige Enden großzügig entfernen. Die Spargelköpfchen abschneiden und in den Varoma legen. Die Hälfte des restlichen Spargels in etwa 1 ½ cm lange Stücke schneiden und ebenfalls in den Varoma geben. Übrigen Spargel grob zerschneiden und beiseitelegen.
3. Zwiebel schälen, grob zerkleinern, in den Mixtopf geben, Messbecher aufsetzen und 5 Sekunden/Stufe 5 zerkleinern. Das Kokosöl dazugeben und Zwiebel 3 Minuten/120 °C/Stufe 1,5 andünsten.
4. Mandelmehl, Gemüsebrühe oder Wasser und die beiseitegelegten Spargelstücke dazugeben. Den Varoma aufsetzen und das Ganze 25 Minuten/100 °C/Stufe 0,5 kochen.
5. Die Limette auspressen. Den Varoma abnehmen und die Suppe 1 Minute/Stufe 7 fein pürieren. Mit Salz, Pfeffer und Limettensaft abschmecken.
6. Die Spargelköpfchen und -stücke aus dem Varoma zur Suppe geben und – wenn sie noch nicht ganz gar sind – 5–8 Minuten/100 °C/Rührstufe linksdrehend fertig kochen.
7. Suppe auf vier Teller verteilen und gleich heiß servieren.

INFO: Spargel taucht in den verschiedenen Tabellen mal als basisch, mal nur als guter Säurebildner auf. Wir schätzen das Frühjahrsgemüse wegen seiner vielen guten Eigenschaften: Die kalorienarmen Stangen regen die Harnproduktion an. Mit einer Portion Spargel kann man schon den Tagesbedarf an Vitamin B decken und damit seinen Stoffwechsel auf Trab bringen. Problematisch können die enthaltenen Purine sein, die im Körper zu Harnsäure umgebaut werden – ganz schlecht für Gichtpatienten.

Klare Suppe mit Weißkohl und Möhren

Für 4 Portionen • Pro Portion: 87 kcal, 3 g E, 4 g F, 9 g KH

2 Zwiebeln
1–2 Knoblauchzehen
1 Bund Suppengrün
1 EL Rapsöl
1 TL Senfkörner
2 Lorbeerblätter
1,2 l Wasser
500 g Weißkohl
2 Stängel glatte Petersilie
Salz, Pfeffer

1. Die Zwiebeln und Knoblauchzehen abziehen. Zwiebel vierteln. Das Suppengrün waschen, putzen und schälen. Die Möhren davon nach Belieben in Scheiben schneiden oder zusammen mit dem übrigen Gemüse grob hacken und später im Thermomix® zerkleinern. Zwiebel, Knoblauch, Lauch und Rapsöl in den Mixtopf geben, Messbecher aufsetzen und 5 Sekunden/Stufe 5 zerkleinern. Mit dem Spatel nach unten schieben und 3 Minuten/120 °C/Stufe 1,5 andünsten.
2. Das übrige Suppengrüngemüse (außer den Möhren) dazugeben, Messbecher aufsetzen und 6 Sekunden/Stufe 5 zerkleinern. Die in Scheiben geschnittenen Möhren jetzt dazugeben. Senfkörner, Lorbeerblätter und Wasser zufügen.
3. Den Weißkohl putzen, den harten Strunk entfernen und die Blätter grob hacken. In den Varoma geben und diesen aufsetzen. In 8–9 Minuten/100 °C/Stufe 2 linksdrehend zum Kochen bringen, anschließend 35 Minuten/85 °C/Stufe 2 sanft köcheln lassen.
4. Die Petersilie waschen, trocken schütteln und die Blätter von den Stängeln zupfen.

5. Die Lorbeerblätter aus der Suppe fischen, den Weißkohl aus dem Varoma zur Suppe geben, mit dem Spatel unterheben und Suppe mit Salz und Pfeffer abschmecken.
6. Suppe auf vier Teller verteilen und mit Petersilie garniert servieren.

TIPP: **Die Suppe können Sie bis zu zwei Tage im Kühlschrank aufbewahren. Das Rezept eignet sich gut dafür, übrig gebliebenes Gemüse zu verkochen (zum Beispiel die Brokkolistiele vom Rezept Brokkoli-Quiche auf Seite 150), und kann je nach Saison variieren. Pro Portion sollten es etwa 250 g frisches Gemüse sein.**

Brokkolisuppe mit Kartoffeln und Pinienkernen

Für 4 Portionen • Pro Portion: 211 kcal, 7 g E, 14 g F, 13 g KH

3 Schalotten
1 EL Rapsöl
400 g Brokkoli
150 g Kartoffeln
800 ml Gemüsebrühe oder Wasser
30 g Zitronenmelisse oder Minze
40 g Pinienkerne
50 g Kokos-Cuisine
Salz, Pfeffer
frisch geriebene Muskatnuss
etwas Zitronensaft

1. Die Schalotten abziehen, halbieren und in den Mixtopf geben. Messbecher aufsetzen und 5 Sekunden/Stufe 5 zerkleinern. Mit dem Spatel nach unten schieben, das Rapsöl dazugeben und Schalotten 4 Minuten/120 °C/Stufe 4 andünsten.
2. Brokkoli waschen, die Röschen abschneiden, den Stängel putzen, schälen und grob zerschneiden. Einige kleine Röschen zum Garnieren in den Varoma legen. Die Kartoffeln schälen, waschen und zerschneiden.
3. Brokkoli und Kartoffeln in den Mixtopf geben und 3 Sekunden/Stufe 4 zerkleinern. Brühe oder Wasser angießen, den Varoma aufsetzen und Gemüse 20 Minuten/100 °C/Stufe 1,5 weich kochen.
4. Die Zitronenmelisse waschen, trocken schütteln und die Blätter von den Stängeln zupfen. Die Pinienkerne in einer beschichteten Pfanne ohne Fett goldgelb rösten.
5. Zitronenmelisse und Kokos-Cuisine zur Suppe geben und diese 40 Sekunden/Stufe 5 pürieren. Mit Salz, Pfeffer, Muskatnuss und Zitronensaft abschmecken.
6. Suppe auf vier Teller verteilen, die Brokkoliröschen in die Mitte setzen und Pinienkerne darüberstreuen.

TIPP: Nicht ganz so basisch wie Brokkoli wirkt Blumenkohl, mit dem die Suppe auch sehr lecker schmeckt.

Basischer Borschtsch

Für 4 Portionen • Pro Portion: 160 kcal, 4 g E, 8 g F, 18 g KH

200 g Weißkohl
2 rote Zwiebeln
2 Knoblauchzehen
1 Stück Ingwer (walnussgroß) nach Belieben
1 EL Rapsöl
200 g Möhren
400 g frische Rote Bete
1 TL Kümmel
900 ml Gemüsebrühe
2 Stängel glatte Petersilie
Salz, Pfeffer
Apfelessig

1. Den Weißkohl putzen, waschen und den harten Strunk entfernen. Kohl grob hacken, in den Mixtopf geben, Messbecher aufsetzen und 3 Sekunden/Stufe 5 zerkleinern. In eine Schüssel umfüllen und beiseitestellen. Mixtopf nicht spülen.
2. Zwiebeln und Knoblauch abziehen. Zwiebeln vierteln. Ingwer schälen und grob hacken. Zwiebeln, Knoblauch und Ingwer in den Mixtopf geben, Messbecher aufsetzen und 5 Sekunden/Stufe 5 zerkleinern. Mit dem Spatel nach unten schieben, das Öl dazugeben und Gemüse 4 Minuten/120 °C/Stufe 2 andünsten.
3. Möhren und Rote Beten schälen, putzen und grob zerschneiden. (Für die Roten Beten die Hände mit Einmalhandschuhen schützen!) Beides in den Mixtopf geben und 3 Sekunden/Stufe 5 zerkleinern. Kümmel und Gemüsebrühe zufügen und in 8–9 Minuten/100 °C/Stufe 2 zum Kochen bringen (Garkörbchen als Spritzschutz aufsetzen!).
4. Borschtsch 10 Minuten/90 °C/Stufe 2 sanft köcheln lassen, dann den vorbereiteten Weißkohl dazugeben und in weiteren 10 Minuten/90 °C/Stufe 2 weich kochen.
5. Die Petersilie waschen, trocken schütteln und die Blätter von den Stängeln zupfen.
6. Die Suppe mit Salz, Pfeffer und Apfelessig pikant abschmecken, auf vier Teller verteilen und mit der Petersilie bestreut servieren.

Radieschensuppe mit Avocado

4 Portionen • Pro Portion: 178 kcal, 2 g E, 16 g F, 5 g KH

1 kleine Zwiebel
2 Bund Radieschen mit frischem Grün (ca. 400 g Radieschen)
1 EL Rapsöl
700 ml Gemüsebrühe
100 ml ungesüßter Mandeldrink
1 Avocado
1 EL Zitronensaft
2 Stängel Dill
Salz, Pfeffer
4 TL Lein- oder Walnussöl

1. Die Zwiebel abziehen und vierteln. Die Radieschen putzen und waschen. Drei schöne große Exemplare in feine Scheiben schneiden und beiseitelegen, den Rest grob hacken. Die jungen grünen Blätter ebenfalls grob zerschneiden. Einige ganz zarte Blätter zum Garnieren beiseitelegen.
2. Zwiebel mit dem Rapsöl in den Mixtopf geben, Messbecher aufsetzen und 5 Sekunden/Stufe 5 zerkleinern. Mit dem Spatel nach unten schieben und 4 Minuten/120 °C/Stufe 2 andünsten.
3. Die Radieschen mit den Blättern dazugeben, Messbecher aufsetzen und 5 Sekunden/Stufe 5 zerkleinern. Gemüsebrühe angießen und Radieschen in 14 Minuten/100° /Stufe 1 weich kochen. Anschließend den Mandeldrink dazugießen und Suppe 40 Sekunden/Stufe 6–8 ansteigend pürieren.
4. Während die Suppe kocht, die Avocado längs halbieren, das Fruchtfleisch aus der Schale heben, würfeln oder in Scheiben schneiden und mit dem Zitronensaft beträufeln. Den Dill waschen, trocken schütteln und die Blätter von den Stängeln zupfen.
5. Die Suppe mit Salz und Pfeffer abschmecken. Avocado auf vier Teller verteilen, die Suppe darüberschöpfen und die Radieschenscheiben, -blätter und den Dill darauf verteilen. Mit dem Lein- oder Walnussöl beträufelt servieren.

TIPP: Wer es gerne scharf mag, kann noch etwas Meerrettich oder – noch schärfer – Wasabi dazugeben.

Kartoffel-Brokkoli-Suppe mit Möhren

Für 4 Portionen • Pro Portion: 191 kcal, 10 g E, 8 g F, 19 g KH

1 Zwiebel
400 g Brokkoli
300 g mehligkochende Kartoffeln
200 g Möhren
700 ml Gemüsebrühe
50 g alter Gouda
Salz, Pfeffer
Muskatnuss

1. Die Zwiebel abziehen und vierteln, mit dem Öl in den Mixtopf geben, Messbecher aufsetzen und 5 Sekunden/Stufe 5 zerkleinern. Mit dem Spatel nach unten schieben und Zwiebel 3 Minuten /120 °C/Stufe 1,5 andünsten.
2. Den Brokkoli waschen, putzen, vier Röschen abschneiden und in den Varoma legen. Den Rest grob zerhacken. Die Kartoffeln schälen, waschen und grob zerschneiden. Die Möhren putzen, schälen, mit dem Spiralschneider einige feine Streifen zum Garnieren abschneiden und in den Varoma legen. Den Rest zerschneiden.
3. Das Gemüse in den Mixtopf geben, die Brühe angießen, den Varoma aufsetzen und alles 15 Minuten/Varoma/Stufe 1 weich kochen. Den Varoma abnehmen.
4. Den Käse klein würfeln, zur Suppe geben und 3 Minuten/100 °C/Stufe 1 schmelzen lassen. Anschließend Suppe 30 Sekunden/Stufe 5–7 ansteigend pürieren.
5. Suppe mit Salz, Pfeffer und Muskatnuss abschmecken, auf vier Teller verteilen und mit Möhrenstreifen und Brokkoliröschen garnieren.

TIPP: Hübsch und gesund – statt der Gemüsegarnitur obenauf können Sie die Suppe auch mal mit gerösteten Sonnenblumen- oder Kürbiskernen bestreuen.

INFO: Kartoffeln sind als superbasisch eingestuft und können bedenkenlos verzehrt werden. Ihren schlechten Ruf als Dickmacher verdienen sie überhaupt nicht. Im Gegenteil: 100 g Kartoffeln enthalten gerade mal 69 kcal, davon 18 g Kohlenhydrate. Der hohe Kaliumgehalt sorgt für Entschlackung und Entwässerung, die Kartoffelstärke vermag Säuren und Gifte zu binden.

Tomaten-Paprika-Suppe

Für 4 Portionen • Pro Portion: 112 kcal, 3 g E, 7 g F, 9 g KH

1 Bund Lauchzwiebeln
2 Knoblauchzehen
1 kleine rote Peperonischote (nach Belieben)
250 g rote Paprikaschoten
150 g grüne Paprikaschoten
100 g Zucchini
500 g reife Tomaten
1 EL Olivenöl
500 ml Gemüsebrühe
Salz, Pfeffer
1–2 EL Balsamessig
einige Basilikumblätter nach Belieben

1. Lauchzwiebeln abziehen, putzen, waschen und grob zerschneiden. Etwas vom dunklen Grün beiseitelegen. Knoblauchzehen schälen. Peperonischote waschen, putzen, längs halbieren und die Kerne entfernen.
2. Paprikaschoten waschen, putzen und grob in Stücke schneiden. Zucchini waschen, putzen und zerschneiden. Die Tomaten waschen, halbieren und die Stielansätze herausschneiden.
3. Lauchgrün und einige Paprika- und Zucchinistücke in den Mixtopf geben, den Messbecher aufsetzen und 3 Sekunden/Stufe 4 zerkleinern. In eine Schüssel umfüllen und beiseitestellen.
4. Zwiebeln, Knoblauch und Peperoni zusammen mit dem Olivenöl in den Mixtopf geben, Messbecher aufsetzen und 5 Sekunden/Stufe 5 zerkleinern. Anschließend 3 Minuten/120 °C/Stufe 1 andünsten. Mit dem Spatel nach unten schieben.
5. Alles Gemüse und die Brühe in den Mixtopf geben und 17 Minuten/100 °C/Stufe 1 kochen. Anschließend Suppe 20 Sekunden/Stufe 6 nicht zu fein pürieren. (Messbecher!)
6. Die Suppe mit Salz, Pfeffer und Essig abschmecken, auf vier Teller verteilen und die vorbereiteten Gemüsestücke in die Mitte geben. Nach Belieben mit Basilikumblättern garniert servieren.

TIPP: **Im heißen Sommer können Sie die Suppe auch eisgekühlt reichen. Dafür sollte sie nach dem Abkühlen mindestens drei Stunden – besser über Nacht – in den Kühlschrank.**

Spargelsuppe mit Kresse

Für 4 Portionen • Pro Portion: 92 kcal, 4 g E, 7 g F, 4 g KH

2 Schalotten
10 g Kokosöl
500 g weißer Spargel (Bruch mit Köpfchen)
1 Kästchen Gartenkresse
750 ml Gemüsebrühe
200 ml Mandeldrink
Salz, Pfeffer
1–2 EL Zitronensaft

1. Die Schalotten abziehen und halbieren. In den Mixtopf geben, Messbecher aufsetzen und 5 Sekunden/Stufe 5 zerkleinern. Mit dem Spatel nach unten schieben, das Kokosöl dazugeben und Schalotten 3,5 Minuten/100 °C/Stufe 1,5 andünsten.
2. Den Spargel schälen, die holzigen Enden abtrennen. Die Köpfchen abschneiden und in den Varoma legen, die restlichen Stangen grob in Stücke zerteilen. Die Kresse waschen, gut abtropfen lassen und die Pflänzchen abschneiden.
3. Brühe in den Mixtopf gießen, die Spargelstücke dazugeben, den Varoma mit den Spargelköpfchen aufsetzen und 20 Minuten/Varoma/Stufe 0,5 garen. Den Varoma abnehmen und beiseitestellen.
4. Die Suppe 30 Sekunden/Stufe 8 fein pürieren. Mandeldrink in die Suppe geben und 5 Sekunden/Stufe 3 einrühren.
5. Suppe mit Salz, Pfeffer und Zitronensaft abschmecken. Auf vier Teller verteilen, die Spargelköpfchen in die Mitte setzen und Kresse darüberstreuen.

TIPP: Die Kästchen mit frischer Kresse sind das ganze Jahr über aus Gewächshäusern lieferbar. Ab dem Frühjahr jedoch gibt es auch Freiland-Kresse oder Kresse von Ihrer Fensterbank. Die winzigen Pflänzchen sind ganz groß bei der Vitaminerzeugung und können auf feuchtem Watteflies oder Küchenpapier keimen und wachsen. Das können Sie auch mit Rettich- oder Erbsensamen, Alfalfa und sogar Chia-Samen machen. Extraplus: Es macht besonders Kindern viel Spaß, das Grün beim Sprießen zu beobachten.

Herzhafte Eintöpfe und Gemüsegerichte

Sättigende Eintöpfe für die ganze Familie mit marktfrischem Gemüse aus der Region und weiteren Zutaten, die den richtigen Basenkick geben. Ob Winter oder Sommer – es ist für jede Jahreszeit etwas dabei.

Wir haben auch Quiche aus Gemüse gebacken und Pizzateig gemacht. Fritters, Puffer, Pancakes und Küchlein können Sie als Hauptgericht mit etwas Salat, als Beilage oder auch zum Mitnehmen zubereiten.

Sauerkrautpuffer

Für 12 Stück • Pro Stück: 139 kcal, 4 g E, 5 g F, 18 g KH

150 g Dinkel
300 g Kartoffeln
200 g Äpfel
100 g Erdmandelflocken
2 Eier, Größe M
Salz, Pfeffer
400 g Sauerkraut
1 EL Rapsöl

1. Den Backofen auf 200 °C Ober-/Unterhitze (Umluft 180 °C) vorheizen. Dinkel in den Mixtopf geben, Messbecher aufsetzen und 40 Sekunden/Stufe 10 mahlen. In eine Schüssel umfüllen.
2. Kartoffeln schälen, waschen und vierteln. Äpfel schälen, vierteln, Kerngehäuse entfernen. Beides in den Mixtopf geben und 3 Sekunden/Stufe 5 zerkleinern. Mit dem Spatel nach unten schieben.
3. Dinkelmehl, Erdmandelflocken, Eier, Salz und Pfeffer dazugeben und 4 Sekunden/Stufe 4 glatt rühren.
4. Das Sauerkraut gut abtropfen lassen, mit einer Gabel zerpflücken, zum Teig geben und 10 Sekunden/Stufe 2 linksdrehend unterrühren. Teig in eine Schüssel umfüllen.
5. Ein Backblech mit dem Öl bepinseln und zwölf Puffer von etwa 10 cm Durchmesser formen. Von jeder Seite 10–12 Minuten im Ofen goldgelb backen.

Grünkohl-Kartoffel-Eintopf mit Granatapfelkernen

Für 4 Portionen • Pro Portion: 151 kcal, 4 g E, 8 g F, 14 g KH

200 g Grünkohl (frisch oder tiefgekühlt)
1 Stange Lauch
200 g Kartoffeln
1 Zwiebel
2 Knoblauchzehen
1 EL Rapsöl
800 ml Brühe
½ Granatapfel
Salz, Pfeffer
4 Stängel krause Petersilie oder Koriander nach Belieben

1. Den Grünkohl gründlich unter fließendem Wasser waschen. In den gekräuselten Blättern versteckt sich manchmal etwas Erde. Die Mittelrippen entfernen, die Blätter grob zerteilen, in den Mixtopf geben, den Messbecher aufsetzen und 6 Sekunden/Stufe 5 zerkleinern. In eine Schüssel umfüllen und beiseitestellen. (Tiefgekühlten Grünkohl auftauen lassen und gut ausdrücken. Er muss nicht zerkleinert werden.)
2. Den Lauch putzen, längs aufschlitzen und gründlich waschen, dann grob in Stücke schneiden. Die Kartoffeln schälen, waschen und grob zerkleinern. Zwiebel abziehen und halbieren. Knoblauchzehen schälen.
3. Zwiebel, Knoblauch und Lauch mit dem Öl in den Mixtopf geben, Messbecher aufsetzen und 5 Sekunden/Stufe 5 zerkleinern. Mit dem Spatel nach unten schieben und 3 Minuten/100 °C/Stufe 1 andünsten.
4. Brühe und Kartoffeln dazugeben und 10 Minuten/100 °C/Stufe 1 kochen. Dann den Grünkohl mit dem Spatel einrühren und nochmals 10 Minuten/100 °C/Stufe 1 linksdrehend bissfest garen.

5. In der Zwischenzeit die Granatapfelkerne aus der Schale lösen. Das geht am einfachsten so: Den Granatapfel quer halbieren, eine Hälfte mit der Schnittfläche nach unten in die Hand nehmen und über eine Schüssel halten. Mit einem Kochlöffel erst mit der Breitseite, dann mit der schmalen Seite auf die Schale klopfen. Schon fallen die Kerne heraus!
6. Petersilie oder Koriander waschen, trocken schütteln und hacken.
7. Die Suppe mit Salz und Pfeffer abschmecken, auf vier Teller verteilen, mit den Granatapfelkernen bestreuen und nach Belieben mit Petersilie oder Koriander bestreuen.

INFO: **Grünkohl ist der König unter den Kohlgemüsen. Er hat die meisten Mineralstoffe, Vitamine und Proteine. Seine Bitterstoffe regen den Organismus zur Bildung körpereigener Basen an. Leider wird unser einheimisches Superfood aber oft vernachlässigt und exotische Newcomer bevorzugt.**
Grünkohl putzt den Darm, beseitigt Verstopfungen, baut die Darmflora auf, vitalisiert und senkt den Cholesterinspiegel. All das trägt dazu bei, den Körper zu entsäuern!

Lauch-Eintopf mit Möhren und Reis

Für 4 Portionen • Pro Portion: 181 kcal, 7 g E, 4 g F, 28 g KH

5 Stangen Lauch
300 g Möhren
3 Lauchzwiebeln
2 EL Rapsöl
80 g Reis
1 TL Paprikapulver, rosenscharf oder edelsüß
1 TL Kurkuma
750 ml Gemüsebrühe
3 Stängel glatte Petersilie
½ Zitrone
Salz, Pfeffer

1. Den Lauch putzen, längs aufschlitzen, gründlich waschen und in ca. 1 cm breite Ringe schneiden. Die Möhren schälen, putzen und in 3 mm dicke Scheiben schneiden. Die Lauchzwiebeln putzen, waschen und grob zerschneiden.
2. Die Lauchzwiebeln mit dem Öl in den Mixtopf geben, den Messbecher aufsetzen und 4 Sekunden/Stufe 5 zerkleinern. Mit dem Spatel nach unten schieben und 3 Minuten/120 °C/Stufe 0,5 andünsten. Den Reis dazugeben und 1 weitere Minute/100 °C/Stufe 1 andünsten.
3. Lauch, Möhren, Paprikapulver, Kurkuma und Brühe dazugeben und Gemüse und Reis in 15 Minuten/100 °C/Stufe 1 weich kochen. (Mit Messbecher oder Garkörbchen abdecken – es kann spritzen.)
4. In der Zwischenzeit die Petersilie waschen, trocken schütteln, die Blätter von den Stielen zupfen und hacken.
5. Die Zitrone auspressen und den Saft mit dem Spatel in die Suppe rühren. Suppe mit Salz und Pfeffer abschmecken, auf vier Teller verteilen und mit der Petersilie bestreut servieren.

Eintopf mit Wurzelgemüse

Für 4 Portionen • Pro Portion: 60 kcal, 2 g E, 0 g F, 12 g KH

200 g frische Rote Bete
200 g Möhren
100 g Pastinaken
1 Stück Ingwer (etwa haselnussgroß)
2 Knoblauchzehen
750 ml Brühe
2 Stängel Petersilie
Salz, Pfeffer

1. Rote Bete schälen (am besten Einmalhandschuhe verwenden, sonst bleiben Ihre Finger noch stundenlang rot) und in etwa 2 cm große Stücke schneiden. Möhren und Pastinaken schälen, putzen, waschen und ebenfalls in Stücke schneiden. Den Ingwer schälen und vierteln, die Knoblauchzehen abziehen.
2. Ingwer und Knoblauch in den Mixtopf geben und 3 Sekunden/Stufe 4 zerkleinern. Mit dem Spatel nach unten schieben und das Gemüse dazugeben. Die Brühe angießen und zugedeckt 20 Minuten/100 °C/Rührstufe kochen.
3. In der Zwischenzeit die Petersilie waschen, trocken schütteln, die Blättchen von den Stielen zupfen und nach Belieben hacken.
4. Das Gemüse stückig lassen oder 3 Sekunden/Stufe 4 zerkleinern. Suppe mit Salz und Pfeffer abschmecken und mit Petersilie bestreut servieren.

TIPP 1: **Wer gerne schärfer isst, kann mit 1 EL Meerrettich (aus dem Glas) oder ½–1 TL Wasabi ordentlich Würze in die Suppe bringen. Wenn es dann doch zu scharf geworden ist, hilft ein wenig eingerührte Mandel- oder Soja-Cuisine.**

TIPP 2: **Zu den in einer basenreichen Ernährung bevorzugten Wurzelgemüsen gehören auch noch schwarzer, roter oder weißer Rettich, Rote Bete, Rüben, Steckrüben, Meerrettich und natürlich Möhren. Von all dem können Sie während einer Basendiät nicht genug essen. Sie werden sich zudem rundherum satt fühlen.**

Aubergineneintopf mit Oliven

Für 4 Portionen • Pro Portion: 175 kcal, 4 g E, 12 g F, 12 g KH

400 g Auberginen
Salz
20 g Pinienkerne
1 weiße Zwiebel
150 g Staudensellerie
250 g reife Tomaten
2 EL Olivenöl
2 Stängel frische Minze
50 g entsteinte schwarze Oliven
25 g Rosinen
50 ml Apfelessig
Pfeffer

1. Die Auberginen waschen, putzen und in etwa 1 ½ cm große Würfel schneiden. In eine Schüssel geben, salzen und zugedeckt ziehen lassen, damit sie Wasser ziehen.
2. In der Zwischenzeit die Pinienkerne in einer beschichteten Pfanne ohne Fett rösten und beiseitestellen.
3. Die Zwiebel abziehen und vierteln. Den Staudensellerie waschen, putzen – äußere Stängel eventuell dünn abschälen – und in Stücke schneiden. Die Tomaten waschen, vierteln und die Stielansätze herausschneiden.
4. Zwiebel, Sellerie und Olivenöl in den Mixtopf geben und 4 Sekunden/Stufe 5 zerkleinern. Mit dem Spatel nach unten schieben und 3 Minuten/120 °C/Stufe 1 andünsten.
5. Die Auberginen in ein Sieb geben, mit kaltem Wasser abbrausen und gut ausdrücken. Die Minze waschen, trocken schütteln, die Blätter von den Stängeln zupfen und hacken.
6. Auberginen, Tomaten, Oliven, Rosinen, Essig und Minze dazugeben und zugedeckt 20 Minuten/90 °C/Stufe 2 linksdrehend garen.
7. Eintopf mit Salz und Pfeffer abschmecken, mit Pinienkernen bestreuen und heiß oder lauwarm servieren.

INFO: Auberginen, Melanzani, Eierfrüchte – egal, wie sie genannt werden, sie enthalten viel Kalium, und das macht sie wertvoll für eine Basenzeit. Sie wirken antioxidativ und helfen, erhöhte LDL-Cholesterinwerte zu senken.
Außerdem sind Auberginen extrem kalorienarm (17 kcal/100 g). Was sie mitunter zu Kalorienbomben macht, ist das Fett, mit dem sie sich beim Braten vollsaugen. Früher hat man die Auberginenscheiben eingesalzen und stehen lassen, um ihnen die Bitterstoffe zu entziehen. Diese sind mittlerweile aber weitgehend weggezüchtet. Heute macht man das nur noch, um ihnen Wasser zu entziehen. Immer noch enthalten ist aber das bittere und giftige Solanin. Deshalb nie roh essen!
Achten Sie beim Einkauf auf eine glatte Schale und einen matten Glanz, dann sind die Eierfrüchte richtig frisch – ab Juli bis Oktober auch aus regionalem Anbau.

Paprikaeintopf

Für 4 Portionen • Pro Portion: 226 kcal, 4 g E, 11 g F, 21 g KH

4 Paprikaschoten, Farbe nach Belieben
1 Peperonischote
2 weiße Zwiebeln
2 Knoblauchzehen
500 g Tomaten
40 ml Olivenöl
Salz, Pfeffer
1 EL Zucker
3 EL Balsamessig
2 Zweige Thymian
1 Zweig Rosmarin

1. Paprikaschoten waschen, putzen und grob zerschneiden. Die Peperonischote waschen, längs aufschlitzen und die Kerne entfernen. Zwiebeln abziehen und vierteln. Knoblauchzehen schälen.
2. Die Tomaten mit kochendem Wasser überbrühen, 1 Minute ziehen lassen, mit kaltem Wasser abschrecken, dann die Haut abziehen. Tomaten vierteln und die Stielansätze entfernen.
3. Peperoni, Zwiebel, Knoblauch und Olivenöl in den Mixtopf geben, Messbecher aufsetzen und 5 Sekunden/Stufe 5 zerkleinern. Mit dem Spatel nach unten schieben und 4 Minuten/120 °C/Stufe 1 andünsten.
4. Paprika und Tomaten dazugeben, Messbecher aufsetzen und 3 Sekunden/Stufe 4 zerkleinern. Thymian und Rosmarin waschen und trocken schütteln.
5. Eintopf mit Salz und Pfeffer würzen, Zucker, Balsamessig, Thymian und Rosmarin dazugeben und alles zugedeckt 15 Minuten/90 °C/Stufe 1 linksdrehend schmoren lassen.
6. Mit Salz, Pfeffer und nach Belieben noch mehr Balsamessig abschmecken und gleich heiß zu Pasta oder kalt auf Baguette genießen.

TIPP: Zur Abwechslung können Sie auch mal kurz vor Ende der Kochzeit 50 g schwarze, entsteinte Oliven und 1 EL eingelegte Kapern dazugeben.
Oder das Ganze leicht pürieren und zum Aufbewahren wie Chutney in Gläser füllen.

Möhren-Kartoffel-Gulasch

Für 4 Portionen • Pro Portion: 172 kcal, 4 g E, 6 g F, 24 g KH

1 Zwiebel
2 Knoblauchzehen
1 EL Rapsöl
300 g Möhren
400 g festkochende Kartoffeln
1 große Fleischtomate
1 EL Paprikapulver, edelsüß oder rosenscharf
500 ml Gemüsebrühe
Salz, Pfeffer
Apfelessig
2 Stängel glatte Petersilie

1. Die Zwiebel abziehen und vierteln. Die Knoblauchzehen schälen. Beides in den Mixtopf geben, Messbecher aufsetzen und 5 Sekunden/Stufe 5 zerkleinern. Mit dem Spatel nach unten schieben, das Öl dazugeben und 3 Minuten/120 °C/Stufe 1,5 andünsten.
2. Die Möhren schälen, putzen und in etwa 1 ½ cm dicke Scheiben schneiden. Die Kartoffeln schälen, waschen und in mundgerechte Stücke schneiden. Die Tomate waschen, halbieren, den Stielansatz und die Kerne entfernen und das Fruchtfleisch grob zerschneiden. Petersilie waschen, trocken schütteln und fein hacken.
3. Tomate, Paprikapulver und 50 g Kartoffeln in den Mixtopf geben und 5 Sekunden/Stufe 5 zerkleinern. Mit dem Spatel nach unten schieben und das übrige Gemüse und die Brühe dazugeben. Gemüse in 20 Minuten/100 °C/Stufe 2 linksdrehend zugedeckt (es spritzt!) weich kochen.
4. Gulasch mit Salz, Pfeffer und Essig abschmecken, auf vier Teller verteilen und mit Petersilie bestreut servieren.

Sauerkrauteintopf mit Paprika und Sellerie

Für 4 Portionen • Pro Portion: 109 kcal, 3 g E, 6 g F, 10 g KH

1 große Gemüsezwiebel
2 Knoblauchzehen
1 rote Paprikaschote
1 EL Rapsöl
200 g Staudensellerie
400 g frisches Sauerkraut
2 Stängel Petersilie
1 EL Paprikapulver, edelsüß oder rosenscharf
1 TL Kümmel
5 Wacholderbeeren
2 Lorbeerblätter
500 ml Gemüsebrühe
Salz, Pfeffer
25 ml Apfelessig

1. Zwiebel abziehen und vierteln. Knoblauchzehen schälen. Die Paprikaschote waschen, putzen und grob zerteilen.
2. Zwiebel und Knoblauch in den Mixtopf geben und 5 Sekunden/Stufe 5 zerkleinern. Das Öl dazugeben und Gemüse 3 Minuten/120 °C/Stufe 1,5 andünsten.
3. Staudensellerie waschen, putzen und quer in 1 cm breite Streifen schneiden. Das Sauerkraut mit einer Gabel oder mit den Händen zerpflücken. Petersilie waschen, trocken schütteln und hacken.
4. Paprikapulver, Kümmel, Wacholderbeeren, Lorbeerblätter, Sellerie, Sauerkraut und Brühe in den Mixtopf geben und mithilfe des Spatels 7 Sekunden/Stufe 4 vermischen. Dann 20 Minuten/95 °C/Stufe 1,5 linksdrehend sanft garen lassen, bis das Gemüse weich ist. Nach Möglichkeit die Lorbeerblätter und Wacholderbeeren herausfischen.
5. Eintopf mit Salz, Pfeffer und Apfelessig pikant abschmecken, auf vier Teller verteilen und mit Petersilie bestreut servieren.

TIPP: **Wenn Sie sehr junge Selleriestauden bekommen, können Sie auch deren Grün statt der Petersilie verwenden.**

Buchweizen mit Champignons

Für 4 Portionen • Pro Portion: 361 kcal, 11 g E, 18 g F, 39 g KH

200 g Buchweizen
1 Bund Lauchzwiebeln
2 Knoblauchzehen
30 g Kokosöl
1 l Gemüsebrühe
2 Lorbeerblätter
1 TL getrockneter Majoran
300 g braune Champignons
40 g gehackte Mandeln
Salz, Pfeffer
2–3 EL Schnittlauch in Röllchen

1. Buchweizen in ein Sieb geben und mit heißem Wasser abbrausen. Gut abtropfen lassen.
2. Die Zwiebeln putzen, waschen und grob zerschneiden. Die Knoblauchzehen schälen. Beides in den Mixtopf geben, Messbecher aufsetzen und 5 Sekunden/Stufe 5 zerkleinern. 10 g Kokosöl dazugeben und Gemüse 4 Minuten/120 °C/Stufe 1,5 andünsten.
3. Brühe, Lorbeerblätter und Buchweizen in den Mixtopf geben, mit Majoran würzen und Buchweizen in 35–40 Minuten/100 °C/Stufe 2 zugedeckt weich kochen.
4. In der Zwischenzeit die Champignons mit Küchenkrepp reinigen und in Scheiben schneiden. Die Mandeln in einer geräumigen beschichteten Pfanne ohne Fett goldgelb rösten und beiseitestellen.
5. Das restliche Kokosöl in der heißen Pfanne schmelzen und die Champignons unter Rühren anbraten.
6. Die Lorbeerblätter aus dem Mixtopf fischen, den Eintopf mit Salz und Pfeffer abschmecken und die Mandeln und Champignons mit dem Spatel unterrühren.
7. Eintopf auf vier Teller verteilen und mit Schnittlauch bestreut servieren.

INFO: Buchweizen sieht aus und schmeckt wie Getreide, ist aber keines. Botanisch ein Knöterichgewächs, enthält er kein Gluten und keine Weizenlektine, dafür aber essenzielle Aminosäuren in guter Bioverfügbarkeit, zudem Kalium, Magnesium, Eisen und Selen. Lezithin gibt es noch obendrauf, damit die Leber besser entgiften kann.

Buchweizen – insbesondere seine Keimlinge (mit Coenzym Q 10!) – sind basisch. Als Mehl kann Buchweizen einen Teil des herkömmlichen Mehls in Brot und Backwaren ersetzen. In Eintöpfen, Suppen und Porridges quillt er auf und macht damit lang anhaltend satt.

Auberginen-Curry

Für 4 Portionen • Pro Portion: 220 kcal, 3 g E, 18 g F, 12 g KH

400 g Auberginen
Salz
4 Lauchzwiebeln
1 Stück Ingwer (walnussgroß)
2 Knoblauchzehen
1 kleine Chilischote
15 g Kokosöl
1 gelbe Paprikaschote
1 Fleischtomate
2 Stängel frischer Koriander (ersatzweise Petersilie)
je 1 TL gemahlener Koriander, Kreuzkümmel und Kurkuma
1 EL Madras-Currypulver
400 ml Kokosmilch (fettreduziert)
Pfeffer
Limettensaft

1. Die Auberginen waschen, Stielansätze entfernen und Fruchtfleisch in etwa 2 cm große Würfel schneiden. Salzen und 15 Minuten ziehen lassen.
2. Die Lauchzwiebeln waschen, putzen und grob zerschneiden. Ingwerwurzel und Knoblauchzehen schälen. Die Chilischote waschen, längs halbieren, Stielansatz und Kerne entfernen und das Fruchtfleisch grob hacken.
3. Zwiebeln, Ingwer, Knoblauch und Chilischote in den Mixtopf geben, Messbecher aufsetzen und 5 Sekunden/Stufe 5 zerkleinern. Das Kokosöl dazugeben und alles 3 Minuten/100 °C/Stufe 1,5 andünsten.
4. Die Paprikaschote waschen, putzen und würfeln. Die Tomate waschen, halbieren, Stielansatz und Kerne entfernen und das Fruchtfleisch ebenfalls würfeln. Koriander waschen, trocken schütteln, die Blätter von den Stängeln zupfen und beiseitestellen.

5. Die Gewürze mit der Kokosmilch in den Mixtopf geben und 10 Minuten/100 °C/ Stufe 1 einkochen lassen.
6. Die Auberginen ausdrücken und mit Paprika- und Tomatenwürfeln in den Mixtopf geben. Gemüse weitere 15 Minuten/95 °C/Stufe 1 linksdrehend weich kochen.
7. Curry mit Salz, Pfeffer und Limettensaft abschmecken, auf vier tiefe Teller verteilen und mit den Korianderblättern garniert servieren.

TIPP: **Für eine besonders aromatische Note im Gericht können Sie statt des gemahlenen Korianders und Kreuzkümmels ganze Samen verwenden, die Sie in einer beschichteten Pfanne ohne Fett anrösten und dann 20 Sekunden/Stufe 10 im Thermomix® mahlen.**

Kichererbsen-Maronen-Eintopf

Für 4 Portionen • Pro Portion: 343 kcal, 10 g E, 19 g F, 33 g KH

1 Zwiebel
2 Knoblauchzehen
150 g Staudensellerie
2 EL Olivenöl
30 g Tomatenmark
2 Zweige Rosmarin
400 g Tomaten
700 ml Gemüsebrühe
1 Glas Kichererbsen (250 g Einwaage)
200 g Maronen (vorgegart)
200 g Pilze (z. B. Kräuterseitlinge)

1. Zwiebel abziehen und vierteln. Knoblauchzehen schälen. Staudensellerie waschen, putzen und grob in Stücke schneiden.
2. Zwiebel, Knoblauch und Sellerie in den Mixtopf geben, Messbecher aufsetzen und 6 Sekunden/Stufe 5 zerkleinern. Mit dem Spatel nach unten schieben, 1 EL Öl dazugießen und Gemüse 3 Minuten/120 °C/Stufe 1,5 andünsten. Das Tomatenmark dazugeben und weitere 2 Minuten/120 °C/Stufe 2,5 andünsten.
3. Den Rosmarin waschen und trocken schütteln. Einige Büschel zum Garnieren beiseitelegen.
4. Die Tomaten waschen, halbieren, Stielansätze und Kerne entfernen. Fruchtfleisch grob zerschneiden und mit der Gemüsebrühe und dem Rosmarin in den Topf geben. 15 Minuten/100 °C/Stufe 2 linksdrehend kochen lassen.
5. Die Kichererbsen durch ein Sieb abgießen und abbrausen. Die Maronen aus der Packung nehmen und halbieren oder vierteln.
6. Kichererbsen und Maronen in den Mixtopf geben und alles zusammen 10 Minuten/95 °C/Stufe 2 linksdrehend fertig kochen.

7. Die Pilze behutsam mit Küchenkrepp säubern und in etwa 1 cm große Würfel schneiden. Im restlichen Öl in einer beschichteten Pfanne glasig braten und auf vier Teller verteilen.
8. Rosmarin aus dem Eintopf fischen. Eintopf mit Salz und Pfeffer abschmecken und über die Pilze schöpfen. Mit Rosmarin garniert servieren.

TIPP: **Wenn Sie frische Maronen verwenden wollen, brauchen Sie etwa 250 g. Diese werden an der flachen Seite kreuzweise mit einem scharfen Messer eingeritzt. In den Mixtopf geben, mit Salzwasser bedecken und 20–25 Minuten/100 °C/Stufe 1 linksdrehend garen. Abgießen, abkühlen lassen und schälen.**

INFO: **Kichererbsen zählen zu den guten Säurebildnern. Ihr Proteingehalt stellt auch in der fleischlosen Ernährung die Versorgung mit essenziellem Eiweiß sicher. Kichererbsen müssen nicht unbedingt aus der Dose oder dem Glas kommen: Weichen Sie 150 g Kichererbsen über Nacht in kaltem Wasser ein, gießen Sie sie durch ein Sieb ab und geben Sie sie mit 500 ml Wasser in den Mixtopf. Etwa 1–1 ¼ Stunden bei 98 °C/Stufe 1 linksdrehend weich kochen.**

Quinoa-Eintopf »mexikanisch«

Für 4 Portionen • Pro Portion: 342 kcal, 11 g E, 15 g F, 41 g KH

150 g helle Quinoa
1 rote Zwiebel
1 rote Paprikaschote
1 EL Rapsöl
1 TL Peperoncino-Gewürz (nach Belieben)
700 ml Gemüsebrühe
1 Avocado
1 kleine Dose Kidneybohnen (180 g Abtropfgewicht)
1 Dose Goldmais (180 g Abtropfgewicht)
1 Limette
4 Stängel glatte Petersilie
Salz, Pfeffer

1. Quinoa in ein Sieb geben und kalt abbrausen. Die Zwiebel abziehen und vierteln. Die Paprikaschote waschen, putzen und grob zerschneiden.
2. Zwiebel und Paprikaschote in den Mixtopf geben, Messbecher aufsetzen und 5 Sekunden/Stufe 5 zerkleinern. Mit dem Spatel nach unten schieben, Rapsöl und Peperoncino-Gewürz dazugeben und Gemüse 3 Minuten/120 °C/Stufe 1,5 andünsten.
3. Quinoa und Gemüsebrühe dazugeben und 15 Minuten/90 °C/Stufe 2 linksdrehend garen.
4. In der Zwischenzeit die Avocado längs halbieren, den Kern entfernen und das Fruchtfleisch mit einem Löffel aus der Schale heben. In ca. 1 cm große Würfel schneiden und auf vier Teller verteilen.
5. Kidneybohnen und Goldmais durch ein Sieb abgießen und kalt abbrausen. In den Mixtopf geben und das Ganze in 5 Minuten/90 °C/Stufe 2 linksdrehend aufkochen lassen.

6. Die Limette auspressen. Die Petersilie waschen, trocken schütteln und die Blätter klein hacken.
7. Den Eintopf mit Limettensaft, Salz und Pfeffer abschmecken, über die Avocadowürfel schöpfen und mit Petersilie bestreut servieren.

INFO: **Quinoa wird auch Inka- oder Andenreis genannt. Mit seinem nussigen Geschmack wird das Pseudogetreide in Mexiko besonders gerne zu Salaten und Beilagen verarbeitet. Wir schätzen Quinoa wegen seiner ausgezeichneten basischen Wirkung.**

Brokkoli-Quiche mit Kokos-Cashew-Creme

Für 4 Portionen • Pro Portion: 490 kcal, 12 g E, 29 g F, 44 g KH

Für den Buchweizenteig:
200 g Buchweizen
Salz
1 TL Weinstein-Backpulver
30 ml Rapsöl
100 ml Wasser
etwas Fett für die Form

Für den Belag:
400 g Brokkoli
80 g Kokosraspel
40 g Cashewkerne
20 g Rapsöl
1200 ml Wasser
Zitronensaft
Salz, Pfeffer
Muskatnuss

1. Den Backofen auf 180 °C Ober-/Unterhitze (Umluft 160 °C) vorheizen. Buchweizen in den Mixtopf geben und 12 Sekunden/Stufe 9 schroten. Die übrigen Zutaten für den Teig dazugeben und alles 2 Minuten/Knetstufe zu einem Teig verarbeiten.
2. Eine Quicheform (ca. 24 cm Durchmesser) einfetten und den Teig mit dem Handballen oder einem kleinen Ausroller darin verteilen. Am Rand leicht hochziehen. Teig mit einer Gabel ein paarmal einstechen und 10 Minuten vorbacken. Den Mixtopf spülen.
3. In der Zwischenzeit die Brokkoliröschen abschneiden, waschen, in mundgerechte Stücke schneiden und in das Garkörbchen legen. (Die Stiele anderweitig verwenden.)
4. Kokosraspel und Cashewkerne in den Mixtopf geben und 15 Sekunden/Stufe 10 zerkleinern. Öl und 200 ml Wasser zugießen und alles 3 Minuten/Stufe 3 cremig rühren. Creme in eine Schüssel umfüllen, mit Zitronensaft, Salz, Pfeffer und Muskatnuss abschmecken.
5. 1 l Wasser in den Mixtopf füllen, das Garkörbchen einsetzen und den Brokkoli 22 Minuten/Rührstufe zugedeckt garen.
6. Die Kokos-Cashew-Creme auf dem vorgebackenen Teigboden verstreichen, den Brokkoli darauflegen und die Quiche 10 Minuten im Ofen fertig backen.

INFO: **Buchweizen ist nicht – wie der Name vermuten ließe – ein Getreide, sondern mit dem Knöterich verwandt. Er erhält kein Gluten und auch keine Weizenlektine, die im Ruf stehen, versteckte Entzündungen in der Darmschleimhaut zu verursachen.**

Buchweizen ist zudem nährstoffreicher als die üblichen Getreidesorten: Er liefert alle acht essenziellen Aminosäuren und ist daher gerade in der fleischlosen oder fleischreduzierten Ernährung ein guter Eiweißlieferant.

Das enthaltene Lecithin senkt den Cholesterinspiegel und gibt der Leber die nötige Kraft, Ihren Körper zu entgiften. Wenn Sie die Körnchen keimen lassen, erhöhen Sie die Bioverfügbarkeit der Mineralstoffe Eisen, Magnesium, Mangan, Selen und Zink. Die Keime sind extrem basisch, passen gut auf Salate, können aber auch in Brot- und andere Teige eingebacken werden. Die Keimlinge gibt es fertig in Bioläden zu kaufen.

Zucchini-Fritters mit Kräuterjoghurt

Für 4 Portionen (je 2 Stück) • Pro Stück: 227 kcal, 9 g E, 9 g F, 26 g KH

500 g Zucchini
1 Bund Lauchzwiebeln
2 Knoblauchzehen
4 Stängel Petersilie
20 g Kokosöl
je ½ TL Kreuzkümmel und Kurkuma
100 g Vollkornbrösel
2 Eier, Größe M, oder Ei-Ersatz (Reformhaus)
Salz, Pfeffer
100 g Biojoghurt, 3,5 % Fett
30 g gehackte frische Kräuter nach Belieben

1. Den Backofen auf 200 °C Ober-/Unterhitze (Umluft 180 °C) vorheizen. Die Zucchini waschen, putzen und grob zerschneiden. In den Mixtopf geben, Messbecher aufsetzen und 5 Sekunden/Stufe 5 zerkleinern. In eine Schüssel umfüllen.
2. Die Lauchzwiebeln putzen, waschen und mit viel dunklem Grün grob zerschneiden. Die Knoblauchzehen schälen. Die Petersilie waschen, trocken schütteln und die Blätter von den Stängeln zupfen.
3. Zwiebeln, Knoblauch und Petersilie in den Mixtopf geben, den Messbecher aufsetzen und 5 Sekunden/Stufe 5 zerkleinern. Mit dem Spatel nach unten schieben, das Öl dazugeben und alles 3 Minuten/120 °C/Stufe 0,5 andünsten.
4. Zucchini gut ausdrücken und zusammen mit Kreuzkümmel, Kurkuma, Bröseln, Eiern, Salz und Pfeffer in den Mixtopf geben und 5 Sekunden/Stufe 3 verrühren. In eine Schüssel umfüllen.
5. Ein Backblech mit Backpapier auslegen. Mit feuchten Händen aus dem Teig acht flache Küchlein formen und auf das Blech legen. Im vorgeheizten Backofen 10 Minuten auf jeder Seite goldgelb backen.
6. Joghurt mit etwas Salz und Kräutern verrühren. Die Fritters auf vier Teller verteilen und jeweils einen Klecks Kräuterjoghurt daraufsetzen.

TIPP: **Ei-Ersatz selbst machen – pro Ei 1 EL Leinsaat mahlen, mit 3 EL Wasser verrühren und 10 Minuten quellen lassen.**

Grünkohlküchlein

Für 4 Portionen (3 Stück pro Portion) • Pro Portion: 431 kcal, 26 g E, 25 g F, 25 g KH

125 g helle Quinoa
500 ml Wasser
große Zwiebel
2 Knoblauchzehen
2 EL Rapsöl
400 g Grünkohl (ca. 300 g vorbereitet – gibt es zur Saison auch fertig abgepackt)
150 ml Gemüsebrühe
200 g mittelalter Gouda
100 g körniger Frischkäse
3 Eier, Größe M, oder Ei-Ersatz
½ Pck. Weinstein-Backpulver
je 1 TL gemahlener Koriander und Kreuzkümmel
Salz, Pfeffer

1. Quinoa mit kochendem Wasser übergießen und quellen lassen.
2. Zwiebel abziehen und vierteln. Knoblauchzehen schälen. Beides in den Mixtopf geben, Messbecher aufsetzen und 5 Sekunden/Stufe 5 zerkleinern. 1 EL Öl dazugeben und Gemüse 3 Minuten/120 °C/Stufe 1,5 andünsten.
3. Den Grünkohl gründlich waschen, denn in seinen krausen Blättern ist oft viel Sand versteckt. Die harten Mittelrippen herausschneiden und grob hacken. Die Blätter grob in Streifen schneiden.
4. Die Grünkohlrippen in den Mixtopf geben und 6 Sekunden/Stufe 5 zerkleinern. (Messbecher!) Den restlichen Grünkohl dazugeben und mithilfe des Spatels in 2-3 Portionen jeweils 10 Sekunden/Stufe 5 zerkleinern. Quinoa (ohne Einweichwasser) und die Brühe dazugeben und zugedeckt 10–12 Minuten/Stufe 2,5 schmoren, bis der Grünkohl weich ist.
5. In ein feines Sieb umfüllen, gut abtropfen lassen – eventuell noch ein wenig ausdrücken – und anschließend in eine Schüssel geben. Den Mixtopf spülen und

abtrocknen. Den Backofen auf 200 °C Ober-/Unterhitze (Umluft 180 °C) vorheizen.

6. Den Gouda grob zerschneiden, in den Mixtopf geben und 8 Sekunden/Stufe 6 reiben. Mit Frischkäse, Eiern, Backpulver und den Gewürzen 10 Sekunden/Stufe 4 (Messbecher!) zu einer glatten Masse verrühren. Käsemasse unter den Grünkohl mischen. Mit Salz und Pfeffer abschmecken.
7. Ein Backblech mit dem restlichen Öl bepinseln. Aus der Grünkohl-Käse-Masse mit feuchten Händen 12 flache Küchlein formen und auf das Blech legen. 10–15 Minuten auf jeder Seite goldgelb backen und nach Belieben als Beilage oder Hauptgericht mit einem Salat servieren.

TIPP: **Wenn etwas Grünkohl-Masse übrig bleibt können Sie diese in einer Pfanne mit wenig Öl krümelig braten. Das passt gut auf Salat!**

Spinat-Pancakes

Für 8 Stück • Pro Stück: 125 kcal, 8 g E, 5 g F, 5 g KH

40 g Parmesan
2 Schalotten
2 Knoblauchzehen
1 EL Olivenöl
200 g frischer Spinat
4 Stängel glatte Petersilie oder Basilikum
2 Eier, Größe M, oder Ei-Ersatz
100 g Süßlupinenmehl
25 g Dinkelvollkornmehl
1 TL Weinstein-Backpulver
frisch geriebene Muskatnuss
Salz, Pfeffer

1. Den Backofen auf 180 °C Ober-/Unterhitze (Umluft 160 °C) vorheizen. Den Parmesan in den Mixtopf geben, Messbecher aufsetzen und 10 Sekunden/Stufe 10 fein reiben. In eine Schüssel umfüllen und beiseitestellen.
2. Die Schalotten abziehen und halbieren. Die Knoblauchzehen schälen. Beides zusammen mit dem Öl in den Mixtopf geben, Messbecher aufsetzen und 5 Sekunden/Stufe 5 zerkleinern. Mit dem Spatel nach unten schieben und 3 Minuten/120° /Stufe 1,5 andünsten.
3. Den Spinat waschen, putzen und verlesen. Gut abtropfen lassen. Petersilie oder Basilikum waschen, trocken schütteln und die Blätter von den Stängeln zupfen. Beides in den Mixtopf geben und mithilfe des Spatels 8 Sekunden/Stufe 5 zerkleinern. Mit dem Spatel nach unten schieben.
4. Parmesan, Eier, Mehl, Backpulver und Gewürze dazugeben und 8 Sekunden/Stufe 4 linksdrehend verrühren. Eventuell etwas Mehl, Wasser oder Milch zufügen, sodass ein cremiger Teig entsteht.
5. Ein Backblech mit Backpapier auslegen und acht Kellen Teig daraufsetzen. Etwas flach drücken und 10 Minuten von jeder Seite backen.

TIPP: Pancakes übrig geblieben? In einer beschichteten Pfanne mit ein wenig Öl von beiden Seiten je 1 Minute knusprig braten.

INFO: Spinat ist unter den Blattgemüsen eine hervorragende Wahl, wenn es um Basenreichtum geht. Mineralstoffe, sekundäre Pflanzenstoffe, Ballaststoffe und vor allem viel Vitamin K und Folsäure sind seine Trümpfe. Zudem ist er das ganze Jahr über schon fix und fertig geputzt in Beuteln oder als praktische Würfel tiefgekühlt im Supermarkt erhältlich.

Kartoffeln mit »Mayonnaise«

Für 4 Portionen • Pro Portion: 337 kcal, 5 g E, 19 g F, 34 g KH

Für die »Mayonnaise«:
1 Knoblauchzehe
100 ml ungesüßter Mandeldrink
50 ml Apfelessig
1 TL Biosenf
½ TL Salz
80 ml Rapsöl
Cayennepfeffer

Für die Kartoffeln:
800 g festkochende Kartoffeln
2 Stängel Dill oder Petersilie
1 Bund Lauchzwiebeln
1 rote Zwiebel
100 ml heiße Gemüsebrühe
2 EL eingelegte Kapern

1. Die Knoblauchzehe schälen, in den Mixtopf geben, Messbecher aufsetzen und 3 Sekunden/Stufe 5 zerkleinern. Mit dem Spatel nach unten schieben und den Vorgang wiederholen.
2. Mandeldrink, 1 EL Essig, Senf und Salz dazugeben und zugedeckt 20 Sekunden/Stufe 4 vermischen.
3. Stufe 5 am Gerät einstellen und das Öl am Messbecher vorbei sehr langsam durch die Deckelöffnung hineinrinnen lassen. So lange weitermixen, bis die Mayonnaise die gewünschte Festigkeit erreicht hat.
4. Den restlichen Essig einrühren und Mayonnaise mit Salz und Cayennepfeffer abschmecken. In eine Schüssel umfüllen und 30 Minuten durchziehen lassen.
5. In der Zwischenzeit die Kartoffeln waschen, in das Garkörbchen geben und so viel Wasser in den Mixtopf füllen, dass das Gemüse bedeckt ist. 20–25 Minuten/95 °C/Rührstufe weich kochen, dann abgießen, etwas abkühlen lassen.

6. Dill oder Petersilie waschen, trocken schütteln und hacken. Die Lauchzwiebeln und die rote Zwiebel abziehen, putzen und in Scheiben schneiden. Die Kartoffeln schälen und in Scheiben schneiden. Auf vier tiefe Teller oder in eine große Schüssel geben und mit Brühe begießen.
7. Zwiebeln und Kapern auf den Kartoffeln verteilen. Mit Dill oder Petersilie bestreuen und die Mayonnaise getrennt dazu reichen.

TIPP: **Nehmen Sie auch für diese vegane Mayonnaise immer neutrales Öl wie Raps- oder Sonnenblumenöl. Kalt gepresste Öle lassen die Mayo bitter schmecken.**

Süßkartoffelpüree mit Nüssen

Für 4 Portionen • Pro Portion: 256 kcal, 4 g E, 8 g F, 41 g KH

1 Schalotte
10 g Kokosöl
200 g Möhren
1 TL Madras-Currypulver
100 ml Wasser
Salz
600 g Süßkartoffeln
30 g Walnüsse
1 Stängel Petersilie
Pfeffer

1. Die Schalotte abziehen, vierteln und in den Mixtopf geben. Messbecher aufsetzen und 3 x 3 Sekunden/Stufe 5 zerkleinern. Das Kokosöl dazugeben und Schalotte 4 Minuten/120 °C/Stufe 1,5 andünsten.
2. Die Möhren schälen, putzen und grob zerschneiden. In den Mixtopf geben und 5 Sekunden/Stufe 5 zerkleinern. Curry und 100 ml Salzwasser dazugeben, sodass die Möhren bedeckt sind.
3. Die Süßkartoffeln schälen, waschen und in ca. 2 x 2 cm große Stücke schneiden. Auf die Möhren geben und Gemüse zugedeckt in 15 Minuten/100 °C/Stufe 1 weich kochen. Anschließend 30 Sekunden/Stufe 6 pürieren.
4. In der Zwischenzeit die Walnüsse etwas zerkleinern und in einer beschichteten Pfanne ohne Fett goldgelb rösten. Die Petersilie waschen, trocken schütteln und die Blätter vom Stängel zupfen.
5. Das Püree mit Salz und Pfeffer abschmecken, in einer Schüssel anrichten, mit den Nüssen bestreuen und mit Petersilie garniert servieren.

TIPP: **Gerade in der Vorweihnachtszeit passen Maronen gut ins Püree. Einfach statt der Walnüsse acht geröstete Maronen (vom Weihnachtsmarkt) schälen und zerbröseln. Maronen sind super basenwirksam.**

INFO: **Süßkartoffeln, auch Batate, kommen aus Südamerika und sind nicht mit unseren Kartoffeln verwandt. Sie sehen nur ähnlich aus. Gemeinsam aber haben sie eine überaus starke basische Wirkung. Das orangefarbene Fruchtfleisch hat es in sich: Carotinoide, Vitamine C, E und A, dazu Biotin und viele Mineralstoffe. Sie wirken gegen Entzündungen, senken den Blutzuckerspiegel, fördern die Verdauung und beruhigen gestresste Nerven.**
Man kann Süßkartoffeln – in Stücke geschnitten oder geraspelt – auch gut roh essen.

Blumenkohlpüree

Für 4 Portionen • Pro Portion: 81 kcal, 6 g E, 3 g F, 8 g KH

1 Blumenkohl (ca. 800 g)
1 l Wasser
3 Knoblauchzehen
1 Schalotte
2 EL Olivenöl
2 Stängel glatte Petersilie
50 ml ungesüßter Mandeldrink
2–3 EL Zitronensaft
Salz, Pfeffer
frisch geriebene Muskatnuss nach Belieben

1. Den Blumenkohl putzen, waschen und in kleine Röschen teilen. Das Garkörbchen und den Varoma damit füllen. Wasser in den Mixtopf geben, Garkörbchen einhängen, Varoma aufsetzen und Blumenkohl in 30–35 Minuten/Varoma/Rührstufe weich kochen. Varoma und Garkörbchen beiseitestellen, den Mixtopf ausleeren.
2. Die Knoblauchzehen und Schalotte abziehen und mit dem Olivenöl in den Mixtopf geben. Messbecher aufsetzen und 5 Sekunden/Stufe 5 zerkleinern. Mit dem Spatel nach unten schieben und 3 Minuten/120 °C/Stufe 1,5 andünsten.
3. Die Petersilie waschen, trocken schütteln, die Blätter von den Stängeln zupfen und hacken.
4. Blumenkohl und Mandeldrink in den Mixtopf geben und 30 Sekunden/Stufe 8 pürieren. (Kürzer pürieren, wenn Sie das Püree ein wenig stückig haben wollen.)
5. Püree mit Zitronensaft, Salz, Pfeffer und – nach Belieben – Muskatnuss abschmecken. In eine Servierschüssel geben und mit Petersilie bestreut servieren.

TIPP: Das Püree ist eine leckere Abwechslung als Beilage, kann aber auch als Hauptgericht gelöffelt werden. Wenn was übrig bleibt: Mit Mandeldrink oder Gemüsebrühe verdünnt ergibt das noch eine gute Suppe.

INFO: Blumenkohl enthält viele Ballaststoffe, was gut für die Verdauung ist und dabei hilft, überschüssige Säuren loszuwerden. Außerdem weisen die hübschen Köpfchen viele sekundäre Pflanzenstoffe auf, die entzündungshemmend wirken. Dazu kommt noch eine Mineralstoffladung bestehend aus Kalium, Natrium, Kalzium und Magnesium – das neutralisiert säureerzeugendes Fleisch oder Fisch und macht dieses Gemüse zum idealen Begleiter.

Kartoffel-Brokkoli-Püree

Für 4 Portionen • Pro Portion: 275 kcal, 7 g E, 15 g F, 26 g KH

400 g Brokkoli
600 g mehligkochende Kartoffeln
1 l Wasser
2 Stängel glatte Petersilie
50 ml ungesüßter Mandeldrink
Salz, Pfeffer
frisch geriebene Muskatnuss nach Belieben
4 EL Avocado- oder Nussöl

1. Den Brokkoli waschen, putzen und in kleine Röschen teilen. Den Stiel schälen und grob zerschneiden. Die Kartoffeln schälen, waschen und grob zerkleinern. Kartoffeln und Brokkolistiele in das Garkörbchen geben, die Brokkoliröschen in den Varoma legen.
2. Wasser in den Mixtopf geben, Garkörbchen einhängen und Varoma aufsetzen. Gemüse 25–30 Minuten/Varoma/Garstufe dämpfen, bis es weich ist.
3. Die Petersilie waschen, trocken schütteln und die Blätter von den Stängeln zupfen.
4. Varoma abnehmen, Garkörbchen herausnehmen und das Wasser ausleeren.
5. Kartoffeln mit den Brokkolistielen und Mandeldrink in den Mixtopf geben und 15 Sekunden/Stufe 8 pürieren. Brokkoliröschen (einige Röschen zum Garnieren zurückbehalten) dazugeben und weitere 10 Sekunden/Stufe 8 pürieren – es können noch Stücke zu sehen sein.
6. Püree mit Salz, Pfeffer und eventuell Muskatnuss abschmecken.
7. In eine Servierschüssel oder vier kleine Schüsseln füllen, mit Avocadoöl beträufeln und mit Brokkoliröschen und Petersilienblättern garniert servieren.

INFO: Brokkoli, der grüne Bruder des Blumenkohls, ist ein noch größerer Basen-Tausendsassa. Seine unschlagbare Fülle an Mineralstoffen, besonders Kalzium, Kalium und Magnesium, macht jeder überflüssigen Säure den Garaus. Dazu kommen noch Selen als Zellschutz und viel Eisen für das Blut.
Frischen Brokkoli erkennen Sie an einer geschlossenen, dunkelgrünen Blume. Gelblicher, aufgeblühter Brokkoli ist bitter und ungenießbar – er dürfte eigentlich gar nicht mehr verkauft werden.

Kartoffeln in Paprika-Tomaten-Sauce

Für 4 Portionen • Pro Portion: 200 kcal, 5 g E, 5 g F, 32 g KH

1 große Zwiebel
1 rote Peperonischote (nach Belieben)
1 EL Rapsöl
250 g rote Paprikaschoten
400 g reife Tomaten
600 g Kartoffeln
250 ml Gemüsebrühe
geriebene Biozitronenschale
Salz, Pfeffer

1. Die Zwiebel abziehen und vierteln. Peperoni waschen, putzen, längs aufschlitzen und die Trennhäutchen und Samen entfernen. Beides in den Mixtopf geben, Messbecher aufsetzen und 5 Sekunden/Stufe 5 zerkleinern. Mit dem Spatel nach unten schieben, das Öl dazugeben und 3 Minuten/120 °C/Stufe 1,5 andünsten.
2. Die Paprikaschoten waschen, putzen und grob zerschneiden. Die Tomaten waschen, halbieren und die Stielansätze entfernen. Die Kartoffeln schälen, waschen und in mundgerechte Stücke schneiden.
3. 100 g Kartoffeln, Paprika und Tomaten in den Mixtopf geben, Messbecher aufsetzen und 2 Sekunden/Stufe 5 zerkleinern. Mit dem Spatel nach unten schieben und die Brühe dazugeben. Die restlichen Kartoffeln in den Varoma geben, diesen aufsetzen und alles 20 Minuten/Varoma/Stufe 2 kochen.
4. Den Varoma abnehmen und beiseitestellen. Die Paprika-Tomaten-Sauce 30 Sekunden/Stufe 6–8 ansteigend fein pürieren. Mit geriebener Zitronenschale, Salz und Pfeffer abschmecken.
5. Die gedämpften Kartoffeln dazugeben und das Ganze 5 Minuten/90 °C/Stufe 1,5 linksdrehend durchziehen lassen.

Blumenkohlpizza

Für 2 Pizzen • Pro Portion: 352 kcal, 29 g E, 21 g F, 10 g KH

40 g Parmesan
600 g Blumenkohl
Salz
1 l Wasser
100 g Rispen-Tomaten
150 g junger Spinat
4–5 Stängel Basilikum
30 g geriebener mittelalter Gouda
2 Eier, Größe M, oder Ei-Ersatz
Pfeffer

1. Den Parmesan in Stücke schneiden, in den Mixtopf geben, Messbecher aufsetzen und 8 Sekunden/Stufe 10 reiben. In eine Schüssel umfüllen und beiseitestellen.
2. Den Blumenkohl waschen, putzen und grob hacken. In den Mixtopf geben und 8 Sekunden/Stufe 10 fein reiben. 1 l Salzwasser dazugeben und 12 Minuten/100 °C/Stufe 2 weich kochen.
3. Den Backofen auf 200 °C Ober-/Unterhitze vorheizen (Umluft 180 °C).
4. In der Zwischenzeit die Tomaten waschen und – je nach Größe – halbieren oder in Scheiben schneiden. Den Spinat waschen, gut abtropfen lassen und verlesen. Das Basilikum waschen, trocken schütteln und die Blätter von den Stielen zupfen.
5. Ein Sieb mit einem sauberen Küchentuch auslegen, den gekochten Blumenkohl hineingeben und gut auspressen – es soll möglichst wenig Flüssigkeit in der Blumenkohlmasse bleiben.
6. Blumenkohl, geriebenen Gouda, Eier und Pfeffer in den Mixtopf geben und 10 Minuten/Stufe 4 zu einem glatten Teig verrühren.
7. Backblech mit Backpapier auslegen und zwei Pizzen von ca. 25 cm Durchmesser daraufstreichen. Mit Spinat, Tomaten und Basilikum belegen und mit Parmesan bestreuen. Pizzen 20–25 Minuten im vorgeheizten Backofen backen, bis der Parmesan geschmolzen und die Ränder goldgelb sind.

TIPP: Wenn Sie öfter Gemüseteige zubereiten, sollten Sie sogenannte Nussmilchbeutel kaufen, mit denen Sie die gekochten Gemüsekrümel sehr gut auspressen können.

Polenta mit Pilzen

Für 4 Portionen • Pro Portion: 302 kcal, 7 g E, 8 g F, 50 g KH

100 g Lauchzwiebeln
8 Stängel glatte Petersilie
1 TL Salz
1 l Wasser
250 g Maisgrieß
frisch geriebene Muskatnuss
200 g Pfifferlinge oder andere Pilze
30 g Kokosöl
Pfeffer

1. Die Lauchzwiebeln putzen, waschen und grob in Stücke schneiden. Die Petersilie waschen, trocken schütteln und die Blätter von den Stängeln zupfen. Beides in den Mixtopf geben, Messbecher aufsetzen und 5 Sekunden/Stufe 5 zerkleinern. In eine Schüssel umfüllen. Mixtopf nicht spülen.
2. Salzwasser in den Mixtopf geben, in 6 Minuten/100 °C/Rührstufe zum Kochen bringen. 10 Minuten/85 °C/Stufe 1 linksdrehend einstellen, den Maisgrieß durch die Deckelöffnung einrieseln lassen und weich kochen. Mit Muskatnuss würzen und anschließend noch ca. 15 Minuten zugedeckt ziehen lassen.
3. In der Zwischenzeit die Pilze behutsam mit Küchenkrepp putzen und in mundgerechte Stücke schneiden.
4. Das Kokosöl in einer geräumigen beschichteten Pfanne erhitzen und Zwiebeln und Petersilie bei milder Hitze andünsten. Die Pilze dazugeben und unter Rühren weitere 5–6 Minuten garen. Mit Salz und Pfeffer abschmecken.
5. Die Polenta auf vier Teller verteilen und die Pilze obenauf geben.

INFO: **Polenta ist ein Brei aus Maisgrieß, der mit Wasser oder Milch weich gekocht wird. Man kann ihn pur essen oder etwa 2 cm dick auf ein Brett streichen, etwas antrocknen lassen und dann – in Vierecke geschnitten – goldgelb anbraten. Polenta passt gut in die Basenküche. Anders als zum Beispiel bei Nudeln finden sich Eiweiß, Kalium, Magnesium und Kieselsäure darin.**

Ris- und andere »Ottos«

Eigentlich wird Risotto immer aus Reis gemacht (*riso* = Reis auf Italienisch). Für eingefleischte Risotto-Liebhaber ist da schon brauner Naturreis ein Sakrileg. Klassisch ist die Herstellung von Risotto auch mit langem Rühren und fortwährendem Schöpfen heißer Brühe verbunden. Das zumindest hat sich durch den Einsatz des Thermomix® grundlegend geändert. Das oft als »gesellig« gepriesene Rühren entfällt.

Da vollwertige und basische Ernährung immer beliebter werden, haben sich dem Reis auch andere Körnchen hinzugesellt, aus denen man herrliche Gerichte à la Risotto zaubern kann: Hirse, Bulgur, Dinkel, Graupen, Quinoa und – besonders trickreich – Blumenkohl.

Blumenkohlreis mit Gemüse

4 Portionen • Pro Portion: 98 kcal, 5 g E, 5 g F, 8 g KH

500 g Blumenkohl
1 gelbe oder orangefarbene Paprikaschote
150 g Zucchini
1–2 Knoblauchzehen
15 g Kokosöl
200 ml Gemüsebrühe
2 Stängel glatte Petersilie
Salz, Pfeffer
1–2 EL weißer Essig (z. B. Reisessig)

1. Blumenkohl putzen, waschen und in Röschen teilen. In zwei Portionen im Mixtopf jeweils 4 Sekunden/Stufe 4 auf etwa Reiskorngröße zerkleinern. In das Garkörbchen geben.
2. Die Paprikaschote putzen, waschen und grob zerschneiden. Zucchini waschen, putzen und ebenfalls grob zerschneiden. Die Knoblauchzehen schälen.
3. Paprika, Zucchini und Knoblauch in den Mixtopf geben, Messbecher aufsetzen und 5 Sekunde/Stufe 5 zerkleinern.
4. Das Kokosöl dazugeben und Gemüse 4 Minuten/120 °C/Stufe 2 andünsten. Die Brühe angießen, das Garkörbchen mit dem Blumenkohl einhängen und diesen zugedeckt in 18 Minuten/100 °C/Stufe 1 linksdrehend weich dünsten.
5. Die Petersilie waschen, trocken schütteln und die Blätter vom Stängel zupfen.
6. Den Blumenkohl mit dem Spatel unter das Paprika-Zucchini-Gemüse heben, mit Salz, Pfeffer und Essig pikant abschmecken und 3 Sekunden/Stufe 3 linksdrehend durchrühren.
7. Gemüse auf Teller oder Schüsseln verteilen und mit Petersilie bestreut servieren.

TIPP: **Je nach Sommerlaune können als Gemüse zum »Reis« auch mal Möhren, Fenchel oder Brokkoli dazukommen.**

Spargel-Risotto

Für 4 Portionen • Pro Portion: 323 kcal, 11 g E, 13 g F, 41 g KH

40 g Parmesan
20 g Paranüsse
2 Schalotten
2 Knoblauchzehen
10 g Kokosöl
200 g Natur-Rundkornreis
600 ml Gemüsebrühe
500 g grüner Spargel
Salz, Pfeffer

1. Parmesan in grobe Stücke schneiden und zusammen mit den Paranüssen in den Mixtopf geben. 5 Sekunden/Stufe 8 reiben, in eine Schüssel umfüllen und beiseitestellen.
2. Die Schalotten und Knoblauchzehen abziehen, in den Mixtopf geben, Messbecher aufsetzen und 5 Sekunden/Stufe 5 zerkleinern. Mit dem Spatel nach unten schieben, das Kokosöl dazugeben und 3 Minuten/120 °C/Stufe 1 andünsten.
3. Den Reis dazugeben und weitere 3 Minuten/100 °C/Stufe 1 linksdrehend andünsten.
4. Die Gemüsebrühe angießen und das Garkörbchen als Spritzschutz aufsetzen. Reis in 55 Minuten/100 °C/Stufe 1 linksdrehend weich kochen.
5. In der Zwischenzeit den Spargel – wenn nötig – im unteren Ende schälen und putzen. Köpfchen abtrennen und die Stangen in 2–3 cm lange Stücke schneiden. Die Köpfchen in den Varoma-Einlegeboden geben, die Spargelstücke in den Varoma.
6. Nach 15–20 Minuten Kochzeit den Spritzschutz abnehmen und den Varoma mit dem Spargel aufsetzen.
7. Nach Ende der Kochzeit Varoma abnehmen und beiseitestellen. Wenn der Reis noch zu »al dente« ist, weitere 5–10 Minuten/100 °C/Stufe 1 linksdrehend offen garen. Mit Salz und Pfeffer abschmecken.

8. Parmesan-Nuss-Mischung mit dem Spatel unterheben, die Spargelstücke dazugeben und 3 Sekunden/Stufe 3 untermischen.
9. Risotto auf vier Teller verteilen und mit den Spargelköpfen garniert servieren.

INFO: **Carnaroli-Reis ist ein beliebter Risottoreis aus dem Piemont. Dieser wird auch in einer ungeschälten Variante angeboten. Ist allerdings recht teuer.**

Bulgur-Risotto mit Roter Bete

Für 4 Portionen • Pro Portion: 325 kcal, 9 g E, 11 g F, 49 g KH

2 Schalotten
1–2 Knoblauchzehen
100 g Staudensellerie
250 g frische Rote Bete
1 EL Olivenöl
4 Stängel Thymian
250 g Bulgur
600 ml Gemüsebrühe
Salz, Pfeffer
15 g Butter
nach Belieben 1 EL gehackte Petersilie

1. Die Schalotten abziehen und halbieren. Die Knoblauchzehen schälen. Staudensellerie waschen, putzen und grob zerschneiden. Die Rote Bete schälen (am besten mit Einmalhandschuhen, damit die rote Farbe nicht an den Händen bleibt) und grob in Stücke schneiden.
2. Schalotten, Knoblauch und Sellerie in den Mixtopf geben, den Messbecher aufsetzen und 5 Sekunden/Stufe 5 zerkleinern. Mit dem Spatel nach unten schieben und den Vorgang wiederholen. Das Öl dazugießen und Gemüse 3 Minuten/120 °C/Stufe 1,5 andünsten.
3. Thymian waschen, trocken schütteln und die Blättchen gegen die Wuchsrichtung von den Stängeln streifen. Bulgur in ein Sieb geben und abbrausen.
4. Die Rote Bete in den Mixtopf geben und 3 Sekunden/Stufe 5 zerkleinern. (Messbecher!) Bulgur dazugeben und das Ganze 3 Minuten/100 °C/Stufe 1 linksdrehend andünsten.
5. 100 ml Brühe angießen und Bulgur 1 Minute/100 °C/Stufe 1 linksdrehend quellen lassen.
6. Die restliche Brühe und den Thymian dazugeben, den Gareinsatz als Spritzschutz aufsetzen und alles 12 Minuten/100 °C/Stufe 1 linksdrehend garen.

7. Risotto anschließend 5 Minuten im Topf ausquellen lassen. Mit Salz und Pfeffer abschmecken. Die Butter mit dem Spatel unterheben und 10 Sekunden/Stufe 1 linksdrehend vermischen.
8. Risotto auf vier Teller verteilen und nach Belieben mit der Petersilie bestreut servieren.

INFO: **Bei Getreideprodukten wie Bulgur oder Couscous ist darauf zu achten, dass sie nicht aus Weizen hergestellt sind. Auch Dinkel sollte nur in Bioqualität verwendet werden. Alternativ werden Bulgur und Couscous aus Hirse oder Gerste gemacht.**
Bei der Herstellung von Bulgur wird der Getreidegries eingeweicht, dampfgegart und getrocknet. Danach wird er mit dem Grützeschneider in die verschiedenen Feinheitsgrade geschnitten oder gemahlen.
Für Couscous hingegen wird der Getreidegries befeuchtet und dann zu kleinen Kügelchen zerrieben. Diese werden getrocknet und bei der traditionellen Zubereitung gedämpft. Couscous gibt es auch schon vorgegart (Instant-Couscous), sodass er nur noch in heißem Wasser quellen muss.

Dinkel-Risotto mit grünen Bohnen und Rucola

Für 2 Portionen • Pro Portion: 263 kcal, 12 g E, 11 g F, 28 g KH

1 Schalotte
1 Knoblauchzehe
60 g Rucola
10 g Kokosöl
250 g Buschbohnen
150 g Dinkelkörner
400 ml Gemüsebrühe
20 g Pinienkerne
40 g Parmesan
Salz, Pfeffer
Zitronensaft

1. Schalotte und Knoblauchzehe abziehen und halbieren. Rucola waschen, gut trocken schleudern und grob zerschneiden. Alles in den Mixtopf geben, Messbecher aufsetzen und 7 Sekunden/Stufe 5 zerkleinern. Mit dem Spatel nach unten schieben, das Kokosöl dazugeben und alles 3 Minuten/100 °C/Stufe 1 andünsten.
2. In der Zwischenzeit die Bohnen waschen, putzen und in etwa 3 cm lange Stücke schneiden. In den Varoma legen.
3. Dinkel in ein Sieb geben und gründlich unter fließendem, heißem Wasser waschen. Zusammen mit der Brühe in den Mixtopf geben und 15 Minuten/120°C/Stufe 1,5 stark kochen lassen.
4. Den Varoma aufsetzen und alles zusammen noch 30 Minuten/100 °C/Stufe 1,5 kochen lassen, bis die Bohnen weich sind und der Dinkel bissfest.
5. Währenddessen die Pinienkerne in einer beschichteten Pfanne ohne Fett rösten. Den Parmesan fein reiben.
6. Den Varoma abnehmen und beiseitestellen. Den Parmesan mit dem Spatel unter den Dinkel heben und schmelzen lassen. Mit Salz, Pfeffer und Zitronensaft abschmecken.
7. Die Bohnen dazugeben und 30 Sekunden/Stufe 2 linksdrehend untermischen. Risotto auf zwei Teller verteilen und mit den Pinienkernen bestreut servieren.

INFO: **Dinkel wird in der Basenernährung bisweilen problematisch gesehen. Ja, Dinkel ist Getreide, ja, Dinkel enthält Gluten. Andererseits weist das volle Dinkelkorn jede Menge Mineralstoffe auf, die für den Organismus so wichtig sind. Wenn Sie Dinkel also in Bioqualität und nicht gerade jeden Tag essen, haben Sie eine geschmackvolle Abwechslung auf dem Teller und bleiben mit frischem Gemüse dazu durchaus im basischen Bereich.**
Dinkel enthält hochwertiges Eiweiß, ist gut fürs Immunsystem und fördert die guten Darmbakterien. Wegen seiner dicken Spelzschicht ist das Korn gut vor Umwelteinflüssen geschützt.

Graupen-Risotto mit Gemüse und Champignons

Für 4 Portionen • Pro Portion: 315 kcal, 10 g E, 11 g F, 44 g KH

200 g Perlgraupen
1 Zwiebel
2–3 Knoblauchzehen
200 g Möhren
1 EL Rapsöl
600 ml Gemüsebrühe
4 Stängel Thymian
1 Lorbeerblatt
100 g Erbsen (frisch gepalt oder tiefgekühlt)
½ Biozitrone
200 g Champignons
15 g Kokosöl
1 Stängel glatte Petersilie
Salz, Pfeffer

1. Die Perlgraupen in ein Sieb geben, mit kaltem Wasser abbrausen und zum Abtropfen beiseitestellen.
2. Die Zwiebel abziehen und vierteln. Die Knoblauchzehen schälen. Die Möhren schälen, putzen und in Streifen schneiden. (Alternativ grob zerschneiden und zusammen mit den Zwiebeln im Mixtopf zerkleinern.)
3. Zwiebel und Knoblauch (eventuell auch die Möhren) in den Mixtopf geben und 5 Sekunden/Stufe 5 zerkleinern. Das Öl dazugeben und Gemüse 4 Minuten/120 °C/Stufe 1,5 andünsten.
4. Graupen, in Streifen geschnittene Möhren, Brühe, Thymian und Lorbeerblatt in den Mixtopf füllen. Die Erbsen in den Varoma geben und diesen aufsetzen. Alles zusammen 20 Minuten/Varoma/Stufe 1,5 linksdrehend weich kochen.

5. In der Zwischenzeit die Zitrone heiß waschen, 1 EL Schale abraspeln und den Saft auspressen. Die Champignons mit einer weichen Bürste putzen und in Scheiben schneiden. Das Kokosöl in einer beschichteten Pfanne erhitzen und die Champignons goldbraun anbraten. Die Petersilie waschen, trocken schütteln und die Blätter vom Stängel zupfen.
6. Den Varoma abnehmen und Erbsen und Zitronenschale mit dem Spatel unter die Graupen heben. Mit Salz, Pfeffer, und Zitronensaft pikant abschmecken. Nach Möglichkeit die Thymianstängel und das Lorbeerblatt entfernen.
7. Die Champignons auf vier Teller verteilen, Graupenrisotto darübergeben und mit den Petersilienblättern garniert servieren.

INFO: **Graupen sind die geschälten und polierten Körner der Gerste. Für eine Vollwerternährung ist Rollgerste aus den ganzen Körnern besser geeignet. Feiner sind die Perlgraupen, dafür werden die Körner geschnitten.**
Gerste, ein Süßgras, zählt zu den ältesten Getreiden, die angebaut werden. Man nennt sie daher auch Urkorn. Meist kennt man sie bei uns in Form von Bier oder Whiskey. Da aber immer mehr Menschen negativ auf moderne Weizen-Züchtungen reagieren, wird Gerste wiederentdeckt – ihr Erbgut hat sich seit 6000 Jahren kaum verändert, wie Funde alter Gerstenkörner zeigen.
Gerste enthält mehr Vitamine und Mineralstoffe als andere Getreidesorten und wird mit ihrem nussigen Geschmack gerne in Eintöpfen, Suppen, Müsli oder eben auch als »Risotto« eingesetzt.

Graupen-Kürbis-Risotto

Für 4 Portionen • Pro Portion: 336 kcal, 8 g E, 10 g F, 52 g KH

500 g Hokkaido-Kürbis
1 Zwiebel
1–2 Knoblauchzehen
1 EL Rapsöl
250 g Graupen
600 ml Gemüsebrühe
Muskatnuss
15 g Butter
Salz, Pfeffer
50 g geriebener Parmesan nach Belieben

1. Den Kürbis waschen (die Schale wird mitverwendet), putzen, entkernen und grob in Stücke schneiden. Die Zwiebel abziehen und vierteln. Den Knoblauch schälen.
2. Kürbis in den Mixtopf geben und 4 Sekunden/Stufe 5 zerkleinern. In eine Schüssel umfüllen.
3. Zwiebel und Knoblauch in den Mixtopf geben, den Messbecher aufsetzen und 5 Sekunden/Stufe 5 zerkleinern. Mit dem Spatel nach unten schieben, das Öl dazugießen und 3 Minuten/120 °C/Stufe 1,5 andünsten.
4. Die Graupen in ein Sieb geben, mit lauwarmem Wasser abbrausen und in den Mixtopf füllen. 3 Minuten/100 °C/Stufe 1 linksdrehend andünsten. Mit 150 ml Brühe ablöschen und 3 Minuten/100 °C/Stufe 2 linksdrehend vorgaren.
5. Die restliche Brühe und den Kürbis dazugeben, mit Muskatnuss würzen, den Gareinsatz als Spritzschutz aufsetzen und 15 Minuten/100 °C/Stufe 1 linksdrehend garen, bis nahezu alle Flüssigkeit aufgesogen ist.
6. Die Butter mit dem Spatel unterheben und die Graupen noch 1 Minute im Topf quellen lassen. Mit Salz und Pfeffer abschmecken. 10 Sekunden/Stufe 1 linksdrehend vermischen.
7. Risotto auf vier Teller verteilen und nach Belieben geriebenen Parmesan dazu reichen.

TIPP: Damit Parmesan als Säurebildner nicht zu sehr ins Gewicht fällt, können Sie nur die Hälfte davon nehmen und geriebene Mandeln dazumischen.

Quinoa mit Pilzen und Möhren

Für 4 Portionen • Pro Portion: 263 kcal, 9 g E, 90 g F, 36 g KH

200 g helle Quinoa
500 ml Gemüsebrühe
200 g braune Champignons
200 g Möhren
2 Schalotten
1 EL Olivenöl
2 Stängel glatte Petersilie
Salz, Pfeffer
Muskatnuss

1. Quinoa in ein Sieb geben, kalt abbrausen und mit der Gemüsebrühe in den Mixtopf füllen. 13 Minuten/100 °C/Stufe 1 linksdrehend aufkochen lassen. In einen Topf umfüllen. Mixtopf nicht spülen.
2. Die Champignons mit Küchenkrepp abreiben, größere Pilze halbieren. Die Möhren schälen, putzen und grob zerschneiden. Die Schalotten abziehen und halbieren.
3. Die Schalotten mit dem Olivenöl in den Mixtopf geben, Messbecher aufsetzen und 5 Sekunden/Stufe 5 zerkleinern. Mit dem Spatel nach unten schieben und den Vorgang wiederholen. 3 Minuten/120 °C/Stufe 1,5 andünsten.
4. Die Möhren dazugeben und 3 Sekunden/Stufe 5 zerkleinern. Die Champignons dazugeben und 2 Sekunden/Stufe 4 zerkleinern.
5. Quinoa aus dem Topf wieder zurück in den Mixtopf geben und das Risotto in 8 Minuten/95 °C/Stufe 2 linksdrehend fertig kochen. Eventuell noch etwas Brühe nachgießen.
6. Die Petersilie waschen, trocken schütteln und die Blätter von den Stängeln zupfen.
7. Das Gericht mit Salz, Pfeffer und geriebener Muskatnuss abschmecken, auf vier Teller oder Schüsseln verteilen und mit den Petersilienblättern garniert servieren.

Hirsotto mit Brokkoli, Möhren und Paprika

Für 4 Portionen • Pro Portion: 325 kcal, 10 g E, 7 g F, 53 g KH

30 g Erdmandeln
1 Zwiebel
10 g Kokosöl
300 g Brokkoli
1 rote Paprikaschote
200 g Möhren
700 ml Gemüsebrühe
1 Fleischtomate
200 g Goldhirse
Salz, Pfeffer
Apfelessig

1. Die Erdmandeln in den Mixtopf geben, Messbecher aufsetzen und 30 Sekunden/Stufe 7 pulverisieren. In eine Schüssel umfüllen und beiseitestellen.
2. Die Zwiebel abziehen und vierteln. In den Mixtopf geben (Messbecher!) und 5 Sekunden/Stufe 5 zerkleinern. Mit dem Spatel nach unten schieben, das Kokosöl dazugeben und 3 Minuten/120° /Stufe 1,5 andünsten.
3. Brokkoli waschen, die Köpfchen in mundgerechten Stücken abschneiden und in den Varoma legen. Den Stiel putzen, schälen und grob zerschneiden. Die Paprikaschote waschen, putzen und längs in Streifen schneiden, ebenfalls in den Varoma legen.
4. Die Möhren schälen, putzen und grob zerschneiden. Zusammen mit den Brokkolistielen in den Mixtopf geben und 3 Sekunden/Stufe 5 zerkleinern.
5. Die Brühe angießen, den Varoma aufsetzen und das Ganze 18 Minuten/Varoma/ Stufe 1 linksdrehend garen.
6. Die Tomate waschen, halbieren, den Stielansatz und die Kerne entfernen und das Fruchtfleisch in schmale Streifen schneiden.
7. Den Varoma abnehmen und beiseitestellen. Die Hirse in ein Sieb geben, kalt abbrausen und in die Brühe schütten. 2 Minuten/100 °C/Stufe 2 linksdrehend aufkochen lassen. Anschließend 10 Minuten ohne Rührwerk quellen lassen.
8. Tomatenstreifen, Paprika und Brokkoli aus dem Varoma dazugeben und 5 Sekunden/Stufe 3 unterrühren. Hirsotto mit Salz, Pfeffer und Apfelessig abschmecken, in eine große Schüssel geben oder auf vier Teller verteilen und mit den Erdmandeln bestreut servieren.

INFO: **Hirse lässt man in der zwei- bis dreifachen Flüssigkeitsmenge quellen, je nachdem, wie körnig sie bleiben soll. Für dieses Rezept haben wir etwas mehr als die doppelte Menge Brühe gewählt, zum einen, weil das Dämpfen im Varoma schon etwas Flüssigkeit verbraucht, zum anderen, weil wir die Hirse bissfest kochen wollten. Wenn Sie eine cremigere Variante bevorzugen, einfach etwas mehr Flüssigkeit einplanen.**

Geflügel und Fisch

Beides ist natürlich nicht basisch, in kleinen Portionen aber und aus Bioaufzucht unbedenklich, wenn Sie große Portionen neutralisierendes Gemüse dazu essen. Dafür haben wir ein paar Rezepte für Sie zusammengestellt, die Sie komplett in Ihrem Thermomix® zubereiten können. Wer gedämpftes Fleisch und Fisch nicht so gerne mag, kann sich zu den Beilagen, die im Gemüsekapitel vorgestellt wurden, ein Stück Steak oder Fischfilet anbraten.

Hühnersuppe mit Brokkoli

Für 4 Portionen • Pro Portion: 148 kcal, 18 g E, 1 g F, 16 g KH

400 g Brokkoli
200 g Hähnchenbrustfilet
200 g Möhren
100 g Staudensellerie
200 g Kartoffeln
1 Stängel frische Minze
50 g tiefgekühlte Erbsen
800 ml Wasser
2 Lorbeerblätter
4 Wacholderbeeren
Salz, Pfeffer

1. Den Brokkoli waschen, in Röschen teilen und in den Varoma legen. Das Hähnchenbrustfilet in etwa 1 ½ cm große Würfel schneiden und auf dem Einlegeboden des Varoma verteilen.
2. Möhren, Staudensellerie und Kartoffeln schälen, putzen und grob zerschneiden. Die Minze waschen und die Blätter vom Stängel zupfen. Alles in den Mixtopf geben, Messbecher aufsetzen und 3 Sekunden/Stufe 5 zerkleinern.
3. Erbsen, Wasser, Lorbeerblätter und Wacholder dazugeben, den Varoma aufsetzen und 20 Minuten/100 °C/Stufe 1 linksdrehend kochen.
4. Den Varoma abnehmen, Brokkoli beiseitestellen und das Hähnchenfleisch in den Mixtopf zum Gemüse geben und weitere 5 Minuten/100 °C/Stufe 1,5 linksdrehend fertig garen.
5. Nach Möglichkeit die Lorbeerblätter und Wacholderbeeren herausfischen und die Suppe mit Salz und Pfeffer abschmecken.
6. Suppe auf vier Teller verteilen und den Brokkoli obenauf geben.

Hähnchenbrust auf Grünkohl mit Quinoa

Für 2 Portionen • Pro Portion: 337 kcal, 21 g E, 16 g F, 28 g KH

200 g Hähnchenbrustfilet
Salz, Pfeffer
2 EL Rapsöl
200 g Grünkohl (ca. 2 frische Blätter, ersatzweise tiefgekühlter Grünkohl)
1 l Wasser
1 Zwiebel
1 Fleischtomate
150 g helle Quinoa
300 ml Gemüsebrühe
30 g ganze Mandeln

1. Das Hähnchenbrustfilet salzen und pfeffern. Ein Stück Alufolie (ca. 30 x 50 cm) auf der glänzenden Seite in der Mitte mit 1 EL Öl einpinseln und das Fleisch locker einpacken. In den Varoma legen.
2. Den Grünkohl gründlich waschen, die harten Rippen entfernen und die Blätter in mundgerechte Stücke zupfen. Auf dem Einlegeboden des Varoma verteilen.
3. Wasser in den Mixtopf füllen, den Varoma mit Einlegeboden aufsetzen und Hähnchen und Grünkohl 35 Minuten/Varoma/Rührstufe dämpfen. Den Varoma abnehmen und beiseitestellen, den Mixtopf leeren und abtrocknen.
4. Die Zwiebel abziehen und vierteln. Die Tomate halbieren, den Stielansatz und die Kerne entfernen und das Fruchtfleisch würfeln.
5. Zwiebel in den Mixtopf geben, Messbecher aufsetzen und 5 Sekunden/Stufe 5 zerkleinern. Mit dem Spatel nach unten schieben, das restliche Öl dazugeben und Zwiebel 3 Minuten/120 °C/Stufe 1,5 andünsten.

6. Quinoa in ein Sieb geben, unter kaltem Wasser abbrausen und in den Mixtopf geben. Mit Brühe aufgießen und in 6 Minuten/100 °C/Stufe 1 aufkochen lassen. Die Tomatenwürfel und den Grünkohl dazugeben, 30 Sekunden/Stufe 3 linksdrehend unterrühren und Quinoa 10–15 Minuten quellen lassen. Mit Salz und Pfeffer abschmecken.
7. Das Fleisch auspacken und quer in Scheiben schneiden. Grünkohl-Quinoa auf zwei Tellern anrichten, das Fleisch obenauf geben und mit Mandeln bestreut servieren.

Spinat-Curry-Topf mit Hähnchenbrust

Für 4 Portionen • Pro Portion: 268 kcal, 14 g E, 21 g F, 6 g KH

200 g Hähnchenbrustfilet
250 g Blattspinat
1 l Wasser
1 Zwiebel
2 Knoblauchzehen
1 Stück Ingwer (walnussgroß)
1 EL Rapsöl
1–2 EL Currypaste oder -pulver
2 TL Kurkuma
600 ml Gemüsebrühe
400 ml Kokosmilch (fettreduziert)
Salz
Limettensaft nach Belieben
½–1 TL Chiliflocken

1. Das Hähnchenbrustfilet von Sehnen befreien und in etwa 1 ½ cm breite Scheiben schneiden. In das Garkörbchen legen.
2. Den Spinat gründlich waschen, verlesen und abtropfen lassen. Grob hacken und in den Varoma legen.
3. Wasser in den Mixtopf geben, Garkörbchen einhängen und Varoma aufsetzen. Hähnchen und Spinat 25 Minuten/Varoma/Rührstufe dünsten. Anschließend beiseitestellen. Mixtopf ausleeren und abtrocknen.
4. Zwiebel abziehen und vierteln. Knoblauchzehen und Ingwer schälen. Ingwer grob zerschneiden. Alles zusammen mit dem Öl in den Mixtopf geben und 5 Sekunden/Stufe 5 zerkleinern. Mit dem Spatel nach unten schieben und 3 Minuten/120 °C/Stufe 1,5 andünsten.
5. Curry und Kurkuma dazugeben und 1 weitere Minute/100° C/Stufe 1,5 andünsten.
6. Gemüsebrühe dazugeben und 15 Minuten/100 °C/Stufe 1 kochen lassen. Kokosmilch, Hähnchenfleisch und Spinat dazugeben und in 5 Minuten/80 °C/Stufe 2 linksdrehend erwärmen.
7. Mit Salz und – nach Belieben – Limettensaft abschmecken, auf vier Tellern anrichten und mit Chiliflocken bestreut servieren.

TIPP: **Noch basenfreundlicher wird das Gericht, wenn Sie statt Spinat mal Grünkohl verwenden.**

Putenragout mit getrockneten Aprikosen und Erbsen

Für 4 Portionen • Pro Portion: 274 kcal, 21 g E, 10 g F, 22 g KH

1 Zwiebel
1 Knoblauchzehe
2 EL Rapsöl
1 EL Paprikapulver, edelsüß
1 TL Kurkuma
400 ml Gemüsebrühe
300 g Putenbrust
200 g Erbsen (frisch gepalt oder tiefgekühlt)
80 g getrocknete, ungeschwefelte Aprikosen
1 Bioorange
2 Stängel glatte Petersilie
1 EL Lupinen- oder Buchweizenmehl
Salz, Pfeffer

1. Die Zwiebel abziehen und vierteln. Die Knoblauchzehe schälen. Beides mit dem Öl in den Mixtopf geben, Messbecher aufsetzen und 5 Sekunden/Stufe 5 zerkleinern. Mit dem Spatel nach unten schieben und 3 Minuten/120 °C/ Stufe 1,5 andünsten. Paprikapulver und Kurkuma einstreuen und 1 Minute/120 °C/Stufe 1,5 mit andünsten. Mit der Gemüsebrühe aufgießen.
2. Die Putenbrust in mundgerechte Würfel schneiden. Den Einlegeboden des Varoma mit Backpapier so auslegen, dass die seitlichen Schlitze zur Dampfzirkulation frei bleiben, und die Putenbruststücke darauflegen. Die Erbsen in den Varoma geben. Varoma mit Einlegeboden aufsetzen und das Ganze 20 Minuten/ Varoma/Stufe 1 garen.
3. In der Zwischenzeit die Aprikosen in Streifen schneiden. Die Orange heiß waschen und 1 EL Schale fein abraspeln. Die Frucht auspressen. Die Petersilie waschen, trocken schütteln und die Blätter von den Stängeln zupfen.

4. Varoma abnehmen und das Mehl 10 Sekunden/Stufe 5 in die Sauce rühren. Orangensaft, Aprikosen, Fleisch dazugeben und 3 Minuten/100 °C/Stufe 1,5 linksdrehend durchziehen lassen. Mit Salz und Pfeffer abschmecken und die Erbsen mit dem Spatel unterheben.
5. Ragout auf vier Teller verteilen und mit Orangenschale und Petersilienblättern bestreut servieren.

Putenfrikassee

Für 4 Portionen • Pro Portion: 221 kcal, 23 g E, 7 g F, 16 g KH

300 g Putenbrust
Salz, Pfeffer
400 g Möhren
300 ml Gemüsebrühe
2 Lorbeerblätter
200 g tiefgekühlte Erbsen
15 g Lupinen- oder Buchweizenmehl
50 g Biosahne
Salz, Pfeffer
1 EL Zitronensaft

1. Die Putenbrust in mundgerechte Stücke schneiden und mit Salz und Pfeffer würzen. Die Möhren schälen, putzen und würfeln.
2. Die Gemüsebrühe mit den Lorbeerblättern in den Mixtopf geben. Das Fleisch in den Gareinsatz legen und einhängen. Die Möhren in den Varoma geben, die Erbsen in den Einlegeboden obenauf. Alles zusammen 20 Minuten/Varoma/Stufe 1 garen.
3. Varoma und Gareinsatz abnehmen und beiseitestellen. Die Lorbeerblätter aus der Brühe entfernen. Das Mehl in die Sauce streuen und 10 Sekunden/Stufe 5 einrühren.
4. Sahne 1 Minute/95 °C/Stufe 1 unterrühren. Die Sauce mit Salz, Pfeffer und Zitronensaft abschmecken.
5. Fleisch und Gemüse zur Sauce geben und 3 Minuten/100 °C/Stufe 1 linksdrehend erwärmen.

TIPP 1: Gut machen sich im Frikassee auch 1 EL eingelegte Kapern und zur Abwechslung 100 g in Scheiben geschnittene Champignons. Beides kommt ganz am Schluss mit dem Fleisch und Gemüse zur Sauce.

TIPP 2: Klassisch gibt es zum Frikassee gekochten Reis. Davon können Sie eine kleine Portion getrennt dazu reichen.

Lachseintopf mit Möhren und Kartoffeln

Für4 Portionen • Pro Portion: 230 kcal, 13 g E, 11 g F, 20 g KH

1 Zwiebel
2 Knoblauchzehen
1 EL Rapsöl
1 Stange Lauch
250 g Möhren
250 g Kartoffeln
1 kleiner Kohlrabi
200 g Lachs ohne Haut
2 EL Zitronensaft
600 ml Gemüsebrühe
2 Stängel frischer Dill
50 ml Biosahne
Salz, Pfeffer

1. Zwiebel abziehen und vierteln. Knoblauchzehen schälen. Beides mit dem Öl in den Mixtopf geben, Messbecher aufsetzen und 5 Sekunden/Stufe 5 zerkleinern. Mit dem Spatel nach unten schieben und 3 Minuten/120 °C/Stufe 1,5 andünsten.
2. Den Lauch putzen, längs aufschlitzen, gründlich waschen und in Streifen schneiden. Möhren, Kartoffeln und Kohlrabi schälen und putzen. Nach Belieben zum bissfesten Garen in Würfel und Scheiben schneiden oder später im Thermomix® zerkleinern.
3. Den Lachs trocken tupfen, in mundgerechte Würfel schneiden und mit 1 TL Zitronensaft beträufeln. Den Einlegeboden des Varoma mit Backpapier so auslegen, dass seitlich Schlitze zur Luftzirkulation frei bleiben. Die Lachswürfel darauflegen.
4. Das Gemüse in den Mixtopf geben und – je nach Belieben – 3 Sekunden/Stufe 5 zerkleinern. Mit dem Spatel nach unten schieben.
5. Gemüsebrühe angießen, den Varoma aufsetzen und das Ganze 15 Minuten/100 °C/Stufe 1 linksdrehend garen.
6. Den Dill waschen, trocken schütteln und die Blättchen von den Stängeln zupfen. Den Varoma abnehmen und beiseitestellen.
7. Die Sahne zum Gemüse geben, mit Salz, Pfeffer und dem restlichen Zitronensaft abschmecken.
8. Eintopf auf vier tiefe Teller verteilen, den Lachs darauflegen und mit dem Dill bestreut heiß servieren.

INFO: **Lachs zählt auf jeden Fall zu den Säurebildnern, hat aber andererseits viele gesundheitliche Vorteile: Die mehrfach ungesättigten Omega-3-Fettsäuren wirken positiv auf den Cholesterinspiegel und lassen den »guten« HDL-Cholesterinwert steigen. Carotine (daher die rötliche Färbung) fangen freie Radikale. Außerdem ist – wie in allen fetten Fischen –das fettlösliche Vitamin D enthalten, das zur Knochenbildung unerlässlich ist.**

Curry-Makrele mit Kokos und Papaya

Für 4 Portionen • Pro Portion: 355 kcal, 18 g E, 25 g F, 14 g KH

2 Bund Lauchzwiebeln
400 ml Kokosmilch (fettreduziert)
250 ml Gemüsebrühe
1 EL Madras-Currypulver
1 TL Kurkuma
4 Makrelenfilets à ca. 80 g
1 EL Zitronensaft
grober Pfeffer aus der Mühle
2 Fleischtomaten
200 g Papaya
Salz

1. Die Lauchzwiebeln waschen, putzen und grob zerschneiden. Etwas von den grünen Teilen in Ringe schneiden und beiseitelegen. Den Rest in den Mixtopf geben, Messbecher aufsetzen und 6 Sekunden/Stufe 5 zerkleinern. Mit dem Spatel nach unten schieben.
2. Kokosmilch, Gemüsebrühe, Currypulver und Kurkuma dazugeben. Den Einlegeboden des Varoma mit Backpapier so auslegen, dass die seitlichen Schlitze zur Dampfzirkulation frei bleiben.
3. Die Fischfilets waschen, trocken tupfen, mit Zitronensaft beträufeln und mit Pfeffer bestreuen. Auf den Einlegeboden geben. Den Varoma aufsetzen und alles 20 Minuten/Varoma/Stufe 1 garen.
4. In der Zwischenzeit die Tomaten waschen, halbieren und die Stielansätze und Kerne entfernen. Das Fruchtfleisch würfeln. Papayafruchtfleisch ebenfalls würfeln.
5. Den Varoma beiseitestellen. Tomaten und Papaya zur Sauce in den Mixtopf geben und 5 Minuten/100 °C/Stufe 1,5 linksdrehend erwärmen. Mit Salz und Pfeffer abschmecken.
6. Die Fischfilets auf vier tiefe Teller verteilen, mit der Kokossauce begießen und mit dem Zwiebelgrün bestreut servieren.

Fischbällchen auf Kürbisgemüse

Für 4 Portionen • Pro Portion: 294 kcal, 26 g E, 17 g F, 10 g KH

300 g Kabeljaufilet
1 weiße Zwiebel
2 Knoblauchzehen
1 Stück Ingwer (etwa walnussgroß)
2 Stängel glatte Petersilie
20 g weiche Butter
2 Eier, Größe M
3 EL Mandel- oder Kokosmehl
Salz, weißer Pfeffer
250 ml Gemüsebrühe
500 g Hokkaido-Kürbis
1 TL Kümmel
1 TL Kurkuma
75 ml saure Sahne

1. Den Kabeljau in etwa 2 cm große Stücke schneiden und eine Stunde im Gefrierfach anfrieren lassen – er lässt sich dann besser zerkleinern. Zwiebel abziehen und vierteln. Knoblauch und Ingwer schälen. Petersilie waschen, trocken schütteln, die Blätter von den Stängeln zupfen.
2. Butter, Zwiebel, Knoblauch und Ingwer in den Mixtopf geben, Messbecher aufsetzen und 5 Sekunden/Stufe 5 zerkleinern. Mit dem Spatel nach unten schieben und 3 Minuten/100 °C/Stufe 1,5 andünsten.
3. Den Kabeljau dazugeben und 10 Sekunden/Stufe 6 zerkleinern. Eier, Mandelmehl, Salz und Pfeffer dazugeben und 8 Sekunden/Stufe 4 verrühren. Masse in eine Schüssel umfüllen.
4. Den Einlegeboden des Varoma mit Pergamentpapier auslegen, dabei die seitlichen Schlitze für die Dampfzirkulation frei lassen. Aus der Fischmasse mit feuchten Händen 20 kleine Bällchen von etwa 2 cm Durchmesser formen und auf den Einlegeboden legen.

5. Den Mixtopf spülen und abtrocknen. Die Gemüsebrühe in den Mixtopf füllen, den Varoma aufsetzen und 10 Minuten/Varoma/Rührstufe kochen. In der Zwischenzeit die Kürbisschale reinigen. Die Kerne entfernen. Den Varoma abnehmen.
6. Kürbis mit der Schale in Würfel schneiden und zur Gemüsebrühe in den Mixtopf geben. Mit Kümmel, 1 TL Salz und Kurkuma würzen. Varoma wieder aufsetzen und Kürbis in 10 Minuten/95 °C/Stufe 1 linksdrehend auf kleiner Flamme weich kochen.
7. Die saure Sahne 5 Sekunden/Stufe 3 linksdrehend mit dem Kürbisgemüse vermischen. Gemüse mit Salz und Pfeffer abschmecken, auf vier Teller verteilen und die Fischbällchen obenauf setzen.

TIPP: Wer Ingwer nicht so gerne mag, kann stattdessen 1 EL eingelegte Kapern klein hacken – das passt sowohl zum Fisch als auch zum Kürbis.

INFO: Betacarotin und Antioxidantien im Kürbis wirken entzündungshemmend. Die vielen Mineralstoffe, besonders Kalium, Zink und Magnesium, sind in der basischen Ernährung unverzichtbar und neutralisieren die Säurewirkung tierischer Lebensmittel. Besonders viel Magnesium steckt in den Kürbiskernen, die Sie so oft wie möglich über Salate und Suppen streuen sollten.

Desserts mit natürlicher Süße

Erlaubt sind in der basischen Küche alle Obstsorten. Um das Bedürfnis nach Süßem zu stillen, sind Trockenfrüchte empfehlenswert – mit ihnen können Sie auch leckere Desserts herstellen. Dazu schlagen wir Ihnen zwei Rezepte vor. Im Alltag ist es wohl praktischer, einfach ein Stück Obst der Saison als Nachtisch zu essen – besonders basisch sind Beeren (Heidelbeeren!), Weintrauben, Grapefruits und Ananas.

Couscous mit Trockenfrüchten

Für 4 Portionen • Pro Portion: 186 kcal, 4 g E, 3 g F, 37 g KH

100 g Goldhirse
½ Vanilleschote
500 ml ungesüßter Mandeldrink
¼ TL gemahlener Zimt
1 Prise Salz
8 entsteinte Datteln
8 ungeschwefelte, getrocknete Aprikosen
30 g Korinthen oder Rosinen

1. Die Hirse in ein Sieb geben und kalt abbrausen. Die Vanilleschote längs aufschlitzen und das Mark herauskratzen.
2. Mandeldrink, Zimt und Salz in den Mixtopf geben und in 6 Minuten/100 °C/Stufe 0,5 zum Kochen bringen. Hirse, Vanillemark und -schote dazugeben und 5 Minuten/95 °C/Stufe 0,5 linksdrehend sanft kochen lassen.
3. In der Zwischenzeit die Datteln und Aprikosen halbieren oder vierteln. Zusammen mit den Korinthen zur Hirse geben, 5 Sekunden/Stufe 4 linksdrehend unterrühren und alles 10 Minuten quellen lassen.
4. Couscous auf vier Teller verteilen und nach Belieben heiß, lauwarm oder kalt servieren.

TIPP: **Mandeln wirken zusätzlich basisch. Sie können für das Gericht 50 g Mandelstifte in einer beschichteten Pfanne ohne Fett rösten und darüberstreuen.**

Veganes Fruchteis – Basisrezept

Für 4 Portionen • Pro Portion: 107 kcal, 2 g E, 0 g F, 22 g KH

4 kleine, sehr reife Bananen
200 g Himbeeren (frisch oder tiefgekühlt)

1. Bananen schälen, in Scheiben scheiden und flach ausgebreitet mindestens vier Stunden in den Tiefkühler geben. Frische Himbeeren behutsam waschen, gut abtropfen lassen, verlesen und ebenfalls für vier Stunden in den Tiefkühler geben. Nach Belieben einige Beeren und Bananenscheiben zum Garnieren beiseitelegen.
2. Tiefgekühlte Bananen und Beeren in den Mixtopf geben, Messbecher aufsetzen und 10 Sekunden/Stufe 8 zerkleinern. Mit dem Spatel nach unten schieben, den Schmetterling einsetzen und weitere 5 Sekunden/Stufe 3 verrühren.
3. Masse sofort in – am besten eisgekühlte – Schalen verteilen und mit den aufbewahren Beeren und Bananenscheiben garniert servieren.

TIPP: **Statt der Himbeeren sind natürlich auch Erd-, Heidel- oder Johannisbeeren gut geeignet. Mit 2 EL Kakaopulver oder 2 TL Matcha-Pulver können Sie Schokoeis oder eine grüne Variante herstellen.**

Mangopudding mit Chia-Samen

Für 4 Portionen • Pro Portion: 102 kcal, 3 g E, 5 g F, 11 g KH

4 EL Chia-Samen
½ TL Kurkuma
500 ml ungesüßter Mandeldrink
250 g reife Mango
1 Orange
1 Stängel frische Minze

1. Chia-Samen mit Kurkuma und Mandeldrink – am besten schon morgens – in einer Schüssel verrühren und im Kühlschrank quellen lassen. Je länger die Samen quellen können, desto cremiger wird der Pudding.
2. Die Mango schälen und das Fruchtfleisch vom Kern schneiden. Etwa 100 g würfeln und beiseitestellen. Die Orange auspressen.
3. Restliche Mango und Orangensaft in den Mixtopf geben und 20 Minuten/100 °C/Stufe 1,5 linksdrehend einkochen lassen.
4. Die Minze waschen, trocken schütteln und die Blätter vom Stängel zupfen.
5. Heiße Mangosauce mit dem kalten Chia-Pudding verrühren, auf vier Schalen verteilen und mit den restlichen Mangostücken und Minzeblättern garniert servieren.

TIPP: **Um den Pudding noch basischer zu machen, können Sie vor dem Quellen noch 2 EL Erdmandelflocken unter die Chia-Samen rühren.**

Buchweizen-Bananen-Küchlein

Für 4 Portionen (à 3 Stück) • Pro Portion: 255 kcal, 9 g E, 7 g F, 38 g KH

2 Eier, Größe M
Salz
2 Bananen
1 Vanilleschote
200 ml ungesüßter Mandeldrink
150 g Buchweizenmehl
1 TL Weinstein-Backpulver
2 TL Kokosöl
4 EL Mandel- oder Kokos-Cuisine
Minzeblätter nach Belieben

1. Die Eier trennen. Eiweiß mit einer Prise Salz in den (supersauberen und fettfreien) Mixtopf geben, Schmetterling einsetzen und in 4 Minuten/Stufe 4 daraus einen steifen Schnee schlagen. In eine Schüssel umfüllen. Mixtopf nicht spülen.
2. Die Bananen schälen. Eine Banane in Scheiben schneiden und beiseitestellen. Die andere Banane grob zerteilen und in den Mixtopf geben. Vanilleschote längs aufschlitzen und das Mark herauskratzen.
3. Eigelbe, Mandeldrink, Buchweizenmehl, Backpulver und Vanillemark in den Mixtopf geben und 10 Sekunden/Stufe 4 zu einem glatten Teig verarbeiten. Den Eischnee mit dem Spatel unterheben und 3 Sekunden/Stufe 4 unterrühren.
4. 1 TL Kokosöl in einer beschichteten Pfanne mild erhitzen. Mit einem Löffel aus dem Teig sechs Häufchen in die Pfanne setzen und vorsichtig zu Küchlein drücken. Von jeder Seite 2–3 Minuten goldgelb backen. Mit dem restlichen Kokosöl und Teig ebenso verfahren.
5. Die Küchlein auf vier Teller verteilen, mit je 1 EL Mandel-Cuisine beträufeln und mit Bananenscheiben und nach Belieben Minzeblättern belegt servieren.

Rhabarberkompott mit Kokos

Für 4 Portionen • Pro Portion: 138 kcal, 4 g E, 6 g F, 13 g KH

25 g Korinthen
25 g Kokoschips
250 ml Kokoswasser
400 g Rhabarber
½ Vanilleschote
50 g Kokosmehl
1 Stück Zimtstange
2 Sternanis

1. Korinthen, Kokoschips und 200 ml Kokoswasser in den Mixtopf geben und 1–2 Stunden einweichen.
2. Den Rhabarber waschen, putzen und schräg in etwa 1 ½ cm breite Scheiben schneiden. Die Vanilleschote längs aufschlitzen und das Mark herauskratzen. Das Kokosmehl im restlichen Kokoswasser glatt rühren.
3. Rhabarber, Vanillemark, Zimtstange, Sternanis und Kokosmehlmischung in den Mixtopf geben und 10 Minuten/80 °C/Stufe 1 linksdrehend kochen lassen.
4. Kompott abkühlen lassen und auf vier kleine Schüsseln verteilen.

INFO: **Rhabarber ist ein hervorragender Basenbildner und im Frühjahr allgegenwärtig: Kuchen, Smoothies, Schorle, Marmelade und eben auch Kompott. Wählen Sie Rhabarber mit roten Stielen und rotem Fruchtfleisch – er enthält weniger Oxalsäure, die als Kalziumräuber gefürchtet wird. Das Pektin im Rhabarber wirkt verdauungsfördernd, Kalium senkt den Blutdruck und entwässert.**

Bananen-Mandel-Eis mit Trockenobst

Für 4 Portionen • Pro Portion: 115 kcal, 3 g E, 4 g F, 16 g KH

2 Bananen
150 ml ungesüßter Mandeldrink
½ Vanilleschote
30 g Trockenfrüchte (z. B. Rosinen und Bananen)
15 g Mandeln
15 g Sonnenblumenkerne

1. Die Bananen schälen, in Scheiben schneiden und flach ausgebreitet für drei Stunden in den Tiefkühler geben. 100 ml Mandeldrink in ein flaches Gefäß (oder Eiswürfelbehälter) geben und ebenfalls tiefkühlen.
2. Die Vanilleschote längs aufschlitzen und das Mark herauskratzen.
3. Alle Zutaten (bis auf den restlichen Mandeldrink) in den Mixtopf geben, Messbecher aufsetzen und 10 Sekunden/Stufe 8 zerkleinern.
4. Den restlichen Mandeldrink dazugießen und das Eis 30 Sekunden/Stufe 4 cremig rühren.

TIPP: **Variieren Sie gerne nach Geschmack Trockenfrüchte, Nüsse und Samen. Sie sind alle supergut für die Basenernährung. Die angegebene Menge sollten Sie aber nicht erhöhen, denn der Zuckergehalt ist beachtlich. Jedoch überwiegen die Vorteile der anderen Inhaltsstoffe, weshalb sie auch von den Basendocs empfohlen werden.**

Basische Schokolade Grundrezept

Für ca. 15 Stück • Pro Stück (10 g) : 84 kcal, 1 g E, 9 g F, 0 g KH

1 Vanilleschote
100 g Kakaobutter
50 g Mandelmus
2 EL Kakaopulver (Rohkostqualität)

1. Die Vanilleschote der Länge nach aufschlitzen und das Mark herauskratzen.
2. Die Kakaobutter in den Mixtopf geben und 2 Minuten/40 °C/Stufe 0,5 schmelzen.
3. Vanillemark, Mandelmus und Kakaopulver dazugeben und 2 Minuten/40 °C/Stufe 1 zu einer homogenen Masse verrühren. Zwischendurch immer wieder mit dem Spatel nach unten schieben.
4. Die heiße Masse in Pralinenförmchen füllen oder auf einem flachen Teller ausbreiten und 2–3 Stunden im Kühlschrank erkalten lassen.

TIPP: Sie können mit Zimt, gehackten Nüssen oder Mandeln, Korinthen, Kokoschips, grobem Meersalz, Chili und vielem mehr Ihre ganz persönliche Schokolade entwerfen. Lassen Sie sich am Schokoladenregal zu neuen Kreationen inspirieren!

Trinkschokolade

Für 4 Portionen • Pro Portion: 104 kcal, 3 g E, 5 g F, 13 g KH

850 ml Wasser
10 entsteinte Soft-Datteln
25 g Mandelmus
2 EL Kakaopulver (Rohkostqualität)

1. Wasser in den Mixtopf geben und in 5–6 Minuten/100 °C/Rührstufe zum Kochen bringen. Alternativ gleich kochendes Wasser einfüllen.
2. Die übrigen Zutaten dazugeben, Messbecher aufsetzen und 1 Minute/Stufe 8 mixen.
3. Drink auf vier Gläser oder Tassen à ca. 250 ml verteilen. Oder erkalten lassen und gut verschlossen im Kühlschrank aufbewahren.

TIPP: **Wenn erforderlich, können Sie die Trinkschokolade mit Kokosblütenzucker (gilt als basisch) oder Agavensirup (neutral) süßen.**

INFO: Kakao ist einer der besten Magnesiumspender überhaupt. Schwach entöltes Kakaopulver enthält mehr als 500 ml Magnesium pro 100 g. In Trinkschokolade (mit Mandeldrink hergestellt) oder als Zugabe im Smoothie verwendet, können Sie schon einen großen Teil Ihres Tagesbedarfs decken.
Die Kakaobohne weist über 500 wertvolle Inhaltsstoffe sowie sekundäre Pflanzenstoffe auf, hat antioxidative Wirkung und erhöht das »gute« HDL-Cholesterin. Erhalten bleiben die wertvollen Stoffe, wenn die Bohnen nicht geröstet, sondern sanft, nicht heißer als bei 42 °C, fermentiert werden. Diese Bohnen bekommen Sie unter der Bezeichnung »Kakao in Rohkostqualität« im Handel.
Die gesundheitliche Wirkung reiner Schokolade ist so hoch, dass man darauf nicht ganz verzichten sollte. Wenn Sie also Schokolade mit mindestens 70 Prozent Kakaogehalt in kleinen Mengen genießen, brauchen Sie kein schlechtes Gewissen zu haben.

Rezeptregister

Bildnachweis

S. 11: s_karau/Shutterstock.com, Dalaifood/Shutterstock.com, dinoforlena/iStockphoto.com, Mahara/Shutterstock.com, Augustino/Shutterstock.com, Anna Shepulova/Shutterstock.com, Ildi Papp/Shutterstock.com, marco mayer/Shutterstock.com, Nataliya Arzamasova/Shutterstock.com, Losangela/Shutterstock.com, vaaseenaa/Shutterstock.com, Timolina/Shutterstock.com; S. 12: Sergey Lyashenko/Shutterstock.com; S. 21: violleta/iStockphoto.com, Ana Photo/Shutterstock.com, Elena Fabbrili/Shutterstock.com; S. 23: zarzamora/Shutterstock.com, Anna Shepulova/Shutterstock.com, Mahara/Shutterstock.com, Yulia Davidovich/Shutterstaock.com, Iryna_Kolesova/Shutterstock.com, ponsulak/Shutterstock.com, gillmar/Shutterstock.com, ffolas/Shutterstock.com, maram/Shutterstock.com, aimy27feb/Shutterstock.com; S. 25: zarzamora/Shutterstock.com, suriya yapin/Shutterstock.com; S. 27: Maria Shumova/Shutterstock.com; S. 28: Oksana Mizina/Shutterstock.com; S. 29: bigacis/Shutterstock.com; S. 30: Amallia Eka/Shutterstock.com; S. 31: subjug/iStockphoto.com; S. 33: s_karau/Shutterstock.com; S. 35: Brent Hofacker/Shutterstock.com; S. 36: Liliya Kandrashevich/Shutterstock.com; S. 37: minadezhda/Shutterstock.com; S. 38: Sea Wave/Shutterstock.com; S. 39: Studio 72/Shutterstock.com; S. 41: vaaseenaa/Shutterstock.com; S. 42: Jarvna/Shutterstock.com; S. 43: vaaseenaa/Shutterstock.com; S. 45: Julia_Sudnitskaya/iStockphoto.com; S. 47: 5PH/Shutterstock.com; S. 48: SUPERGAL/Shutterstock.com; S. 49: Viktory Panchenko/Shutterstock.com; S. 51: Odua Images/Shutterstock.com; S. 52: violleta/iStockphoto.com; S. 55: MaryBethCharles/iStockphoto.com; S. 56: istetiana/Shutterstock.com; S. 57: Sarsmis/iStockphoto.com; S. 58/59: I wave/Shutterstock.com; S. 61: tag2016/Shutterstock.com; S. 63: Mahara/Shutterstock.com; S. 64: YuliiaKas/Shutterstock.com; S. 65: Mizina/iStockphoto.com; S. 66: TwilightArtPictures/Shutterstock.com; S. 67: OksanaKiian/iStockphoto.com; S. 69: al1962/Shutterstock.com; S. 70: margouillatphotos/Shutterstock.com; S. nata_vkusidey/iStockphoto.com; S. 73: Dalaifood/Shutterstock.com; S. 74: victoriaKh/Shutterstock.com; S. 75: Ildi Papp/Shutterstock.com; S. 77: Brent Hofacker/Shutterstock.com; S. 78: HandmadePictures/Shutterstock.com; S. 81: Elena Fabbrili/Shutterstock.com; S. 83: Losangela/Shutterstock.com; S. 85: Brent Hofacker/Shutterstock.com; S. 86: ziashusha/Shutterstock.com; S. 89: prosiaczeq/Shutterstock.com; S. 90: Gayvoronskaya_Yana/Shutterstock.com; S. 91: marco mayer/Shutterstock.com; S. 93: TairA/Shutterstock.com; S. 95: Anna Shepulova/Shutterstock.com; S. 96: julie deshaies/Shutterstock.com; S. 98: PJjaruwan/Shutterstock.com; S. 99: womue/Fotolia.com; S. 100: monticelllo/iStockphoto.com; S. 102: Olha_Afanasieva/iStockphoto.com; S. 104: Yulia Davidovich/Shutterstock.com; S. 107: Augustino/Shutterstock.com; S. 108: istetiana/Shutterstock.com; S. 111: MarjanCermelj/iStockphoto.com; S. 113: Ekaterina Kondratova/Shutterstock.com; S. 115: Bildagentur Zoonar GmbH/Shutterstock.com; S. 117: los_angela/iStockphoto.com; S. 119: amberto4ka/iStockphoto.com; S. 121: Nadiia Diachenko/Shutterstock.com; S. 123: EzumeImages/iStockphoto.com; S. 124/125: vkuslandia/Shutterstock.com; S. 127: Szakaly/iStockphoto.com; S. 128: rainbow33/Shutterstock.com; S. 131: Nordling/iStockphoto.com; S. 132: Quinn Martin/Shutterstock.com; S. 133: ArtCookStudio/Shutterstock.com; 135: Antonino D'Anna/iStockphoto.com; S. 137: fpwing/iStockphoto.com; S. 139: hungryworks/iStockphoto.com; S. 140/141: Simone Andress/Shutterstock.com; S. 143: Oksana Mizina/Shutterstock.com; S. 145: Rocky89/iStockphoto.com; S. 147: dinoforlena/iStockphoto.com; S. 149: Anna_Pustynnikova/Shutterstock.com; S. 150/151: Iryna_Kolesova/Shutterstock.com; S. 152: Anna Shepulova/Shutterstock.com; S. 155: Elena Shashkina/Shutterstock.com; S. 157: Agnes Kantaruk/Shutterstock.com; S. 159: Lilechka75/iStockphoto.com; S. 160: margouillat photo/Shutterstock.com; S. 163: Nataliya Arzamasova/Shutterstock.com; S: 165: margouillat photo/Shutterstock.com; S. 167: Ana Photo/Shutterstock.com; S. 169: Nataliya Arzamasova/Shutterstock.com; S. 171: Alieva Liubov/Shutterstock.com; S. 172: MAHATHIR MOHD YASIN/Shutterstock.com; S. 173: Brent Hofacker/Shutterstock.com; S. 175: Rene Zografos/Shutterstock.com; S. 177: martinrlee/iStockphoto.com; S. 178: marco mayer/Shutterstock.com; S. 181: Timolina/Shutterstock.com; S. 183: Yulia Davidovich/Shutterstock.com; S. 185: Yulia Davidovich/Shutterstock.com; S. 186: papkin/Shutterstock.com; S. 188: Timolina/Shutterstock.com; S. 191: Anna Hoychuk/Shutterstock.com; S. 192/193: PosiNote/Shutterstock.com; S. 195: minadezhda/Shutterstock.com; S. 197: Barbara Pheby/Fotolia.com; S. 198: Natalia Evstigneeva/Shutterstock.com; S. 200/201: hlphoto/Shutterstock.com; S. 203: minadezhda/Shutterstock.com; S. 204: Fanfo/Shutterstock.com; S. 206: Amallia Eka/Shutterstock.com; S. 207: vm2002/Shutterstock.com; S. 208: Vorontsova Anastasiia/Shutterstock.com; S. 209: sarsmis/Shutterstock.com; S. 211: Kati Finell/Shutterstock.com; S. 212/213: Fortyforks/Shutterstock.com; S. 215: TOKYIK/Shutterstock.com

Unabhängig recherchiert, nicht vom Hersteller beeinflusst
Abnehmen
mit dem Thermomix®
Leichte Low-Carb-Küche zum Genießen
Mit über 120 Rezepten
riva
Doris Muliar

Auch als **E-Book** erhältlich

192 Seiten
14,99 (D), 15,50 (A)
ISBN 978-3-7423-0076-8

Doris Muliar

Die Low-Carb-Diät für den Thermomix®

Über 100 Rezepte bis 500 Kalorien

Mit der Low-Carb-Ernährung können Sie nachhaltig Gewicht verlieren, ohne hungern und auf etwas verzichten zu müssen. Dieses Buch enthält über 100 neue Low-Carb-Rezepte: Brote mit kohlenhydratarmen Mehlalternativen, Pizzaböden aus püriertem Gemüse und leckere Desserts mit neuen Zuckerersatzstoffen wie Xylit und Erythrit machen die Low-Carb-Ernährung noch einfacher. Die Gerichte sind kohlenhydratarm, vermeiden Zucker und Stärke und enthalten stattdessen Gemüse, Obst und Pflanzenöle, dazu Eiweiß in Form von Fleisch, Fisch und Milchprodukten. Chiabrot mit Haselnüssen, Minipizzen mit Kohlrabiteig, Buttermilchpudding mit Rhabarberkompott und viele andere leckere Gerichte können Sie im Thermomix® schnell und einfach zubereiten. Alle Rezepte wurden mit dem Thermomix® TM5 entwickelt und getestet.

riva

Auch als **E-Book** erhältlich

192 Seiten
14,99 (D), 15,50 (A)
ISBN978-3-7423-0454-4

Doris Muliar

100 gesunde Suppen aus dem Thermomix®

Leckere Rezepte zum Entgiften, Abnehmen und Genießen

Mit dem Thermomix® lassen sich schnell und einfach leckere Suppen zaubern, die wenige Kalorien und Kohlenhydrate, dafür aber reichlich Ballaststoffe enthalten und Sie beim Gewichtsverlust und Detoxen unterstützen. Das Buch erklärt, welche Gemüsesorten sich für welche Suppe eignen, welche besonderen Kräuter, Gewürze oder Proteinquellen Sie einsetzen können, wie Sie Suppen am besten aufbewahren und mit welchen Suppen Sie Gäste überraschen können. Mit den Schritt-für-Schritt-Anleitungen für den Thermomix® geht das auch noch ganz entspannt. Alle Rezepte wurden mit dem Thermomix® TM5 entwickelt und getestet. Außerdem enthält das Buch Rezeptpläne für eine dreitägige und eine sechstägige Suppenkur sowie eine ausführliche Warenkunde.

riva

208 Seiten
14,99 (D), 15,50 (A)
ISBN 978-3-7423-0133-8

Doris Muliar

Sommergrichte aus dem Thermomix®

Über 100 leichte Rezeptideen von Gemüsesuppen bis Obstkuchen

In ihrem neuen Buch zeigt Ihnen die Ernährungsexpertin Doris Muliar köstliche Sommerrezepte – unkompliziert und schnell zubereitet mit dem Thermomix®. Gartenparty und Picknick werden unvergesslich mit kalten Suppen und leckeren Salaten, selbst gemachtem Eis und Obsttorten. Alles wird so weit wie möglich mit Zutaten aus regionalem Anbau zubereitet, denn unsere Felder, Gärten und Märkte sind im Sommer übervoll: Aromatische Früchte, bunte Beeren, knackiges Gemüse – das verspricht Genuss fürs Auge und für den Gaumen. Neben schnellen Gerichten für die ganze Familie gibt es auch Pfiffiges zum Mitnehmen und Aufbewahren und raffinierte Rezepte für Gourmets. Alle Rezepte wurden mit dem Thermomix® TM5 entwickelt und getestet.

riva

Auch als **E-Book** erhältlich

208 Seiten
14,99 (D), 15,50 (A)
ISBN 978-3-7423-0044-7

Doris Muliar

Wintergerichte aus dem Thermomix®

100 tolle Eintöpfe, Aufläufe, Suppen und andere wärmende Mahlzeiten

In der dunklen Jahreszeit braucht man besonders viele Nähr- und Vitalstoffe, um Kälte, trockener Heizungsluft, Lichtmangel und Viren entgegenzuwirken. Statt mit Importware kocht die Autorin und Ernährungsexpertin Doris Muliar mit regionalen Produkten: Heimische Kohlsorten und Wurzelgemüse zum Beispiel haben eine günstige Ökobilanz, enthalten viele Vitamine und sind auch noch kalorienarm. Fast vergessene Arten wie die nussige Pastinake, die pikante Steckrübe oder die süßliche Topinambur werden mit Knollensellerie, Möhren oder roter Bete zu abwechslungsreichen Mahlzeiten kombiniert. Alle Rezepte wurden mit dem Thermomix® TM5 entwickelt und getestet. Schritt-für-Schritt-Anleitungen sichern das Gelingen.

riva